Johannes Reimer

Die politische Mission der Kirche

Wie wir teilhaben an Gottes Wirken in der Welt

Aus dem Amerikanischen übersetzt von
Beate Schütz

SCM
R.Brockhaus

SCM

Stiftung Christliche Medien

SCM R.Brockhaus ist ein Imprint der SCM Verlagsgruppe,
die zur Stiftung Christliche Medien gehört, einer gemeinnützigen Stiftung,
die sich für die Förderung und Verbreitung christlicher Bücher, Zeitschriften,
Filme und Musik einsetzt.

MIX
Papier aus verantwortungsvollen Quellen
FSC® C014496

Originally published in English under the title:
Missio politica, The Mission of Church and Politics,
by Johannes Reimer, Langham Global Library, Carlisle UK, 2017

Max-Eyth-Straße 41 · 71088 Holzgerlingen
Internet: www.scm-brockhaus.de; E-Mail: info@scm-brockhaus.de

Lektorat: Jürgen Kuberski
Umschlaggestaltung: Stephan Schulze, Stuttgart
Autorenfoto: © Uwe Klössing – werdewelt GmbH
Satz: Lieverkus.Media, www.lieverkus.de
Druck und Verarbeitung: GGP Media GmbH, Pößneck
Gedruckt in Deutschland
ISBN 978-3-417-24169-3
Bestell-Nr. 224.169

Dr. Willem A. Saayman (1942–2015) gewidmet

Inhalt

1 Einleitung

1.1 Meine Suche nach Antworten

Ich wuchs in einem kommunistischen Land auf und komme aus einer nonkonformistischen Kirchentradition. Vor meiner Bekehrung war ich politisch aktiv, in der Kirche wurde ich jedoch sorgfältig instruiert, mich von allen politischen Aktivitäten zurückzuziehen. »Die Kirche Jesu Christi ist von ihrer Natur her unpolitisch«, lehrte mich mein Pastor. »Politisch aktive Christen werden ihren Glauben kompromittieren, denn in der Politik geht es grundsätzlich um Kompromisse. Politik ist ein schmutziges Geschäft. Unsere Rede sei ja, ja; nein, nein, wie Jesus lehrte. Kompromisse sind prinzipiell von Übel.« Ich gehorchte meinem Pastor.

Bald distanzierten sich alle meine nichtchristlichen Freunde von mir. Abgesehen von ein paar provokativen evangelistischen Aktionen zog ich mich aus der Öffentlichkeit zurück. Als ich den Militärdienst antreten sollte, weigerte ich mich aufgrund meiner nonkonformistischen theologischen Überzeugungen. Die Konsequenzen waren Verfolgung, Gefängnis und das Arbeitslager. Meine Verfolger begründeten die schlechte Behandlung mit meinen politischen Aktionen.[1]

Ich begann, meine Überzeugungen grundsätzlich zu überdenken. Ich hatte mich von einem politisch motivierten Verhalten abgewandt und wurde gerade dadurch in den Augen der Regierung zum politischen Aktivisten. Mühelos erinnerte ich mich an zahlreiche weitere Vorfälle, in denen unserer Kirche vorgeworfen wurde, den politischen Status quo im Land zu unterminieren. Tatsächlich war keiner meiner Glaubensgeschwister aufgrund seines oder ihres Glaubens an Christus inhaftiert worden. Die offizielle Begründung bezog sich stets auf politisch subversives Verhalten. Unser Glaube schien Unruhe zu stiften. Wir waren keiner politischen Partei beigetreten, vielmehr hatten wir uns von aller

---

1 Nachzulesen in: Johannes Reimer: Der Verweigerer. Glaube im Schmelztiegel der Roten Armee, Gießen 2005.

politischen Verantwortung zurückgezogen. Und doch provozierte jede Berührung mit der Öffentlichkeit deren Reaktion. Wir beteiligten uns nicht an den allgemeinen korrupten Praktiken, wir betrogen nicht um des eigenen Vorteils willen. Befragte man uns als Zeugen in einem Verfahren, sprachen wir die Wahrheit. In einer von Betrug und Manipulation geprägten Kultur ist ein solches Verhalten politisch hochgradig unangepasst.

Sind also »politisch Unkorrekte« automatisch politisch aktiv? Stellt ein alternativer Lebensstil ein politisches Statement dar? Solche Gedanken beschäftigten mich und zwangen mich, diese Fragen zu durchdenken. Als die politischen Mächte der Sowjetunion uns das Leben unerträglich machten, flohen wir aus dem Land.

Hier im Westen durfte ich endlich alle meine Fragen stellen. Erstaunt beobachtete ich meine christlichen Brüder und Schwestern. Ihr Handeln stand oft in direktem Widerspruch zur Ansicht meines Pastors zu Hause. Sie traten bewusst politischen Parteien bei. Prominente Politiker bezeugten ihren Glauben an Jesus Christus. Zudem fand ich Bücher über soziales und politisches Engagement der Kirche. Scheinbar akzeptierte man politische Aktivitäten mit einer für mich erstaunlichen Selbstverständlichkeit. Natürlich gab es auch hier Christen, die dem Thema ebenso kritisch gegenüberstanden wie meine Heimatkirche, und mir wurde klar, dass es diesbezüglich tiefgreifende Auseinandersetzungen gab. Andererseits bemerkte ich schnell, wie wenig Einfluss das »christliche Element« auf das politische Leben wirklich hatte. Wenn Christen nach ihrer Motivation gefragt wurden, sich politisch zu engagieren, führten sie selten theologische Gründe an. Solche Argumente schien es kaum zu geben. Christen in der Politik benahmen sich manchmal schlimmer als Nichtchristen.

So stand ich nun vor mehr Fragen als vorher. Besitzt die Kirche Christi ein politisches Mandat? Und wenn ja, wie lässt es sich biblisch begründen? Ich verbrachte Jahre mit der Suche nach einer Antwort. Dieses Buch bietet eine kurze Zusammenfassung meiner Ergebnisse.

1.2 Abwarten ist keine Option

Meine persönliche Suche nach Antworten spitzte sich im Jahr 1991 zu. Die sowjetische Republik Litauen erklärte ihre Unabhängigkeit von der Sowjetunion und geriet unter starken Druck vonseiten des durch Moskau kontrollierten sowjetischen Regimes. Eines Tages rief mich ein Freund an und sagte: »Johannes, du kannst nicht einfach zu Hause sitzen bleiben und nichts unternehmen. Unsere Leute kämpfen für die Freiheit. Sie brauchen unsere Unterstützung.«

Sein Anruf wurde zu einem Weckruf für mich. Zwar würde ich sicher nicht nach Litauen reisen, die Waffen ergreifen und für die Freiheit kämpfen, aber ich konnte für die Menschen beten! Meine Anwesenheit im Land würde die Art und Weise nicht beeinflussen, wie die Sowjets mit dem kleinen baltischen Land verfahren würden. Aber könnte ich nicht den Menschen in Litauen predigen und sie zu Jesus führen, der ihnen das Bewusstsein für ihre Würde stärken und ihnen Mut geben konnte? Ja, ich konnte und sollte das tun!

Wir brachen also auf. Zwei Wochen lang reisten wir durch das Land, predigten in großen Versammlungshallen und Stadien und luden Menschen ein, Jesus als dem Herrn zu folgen, der die Menschen von allen Fesseln befreit, einschließlich der politischen. Tausende antworteten dem Ruf.[2] Gegen Ende der Mission erhielt ich einen Anruf des Kulturministers von Litauen, das eben erst seine Unabhängigkeit erlangt hatte. Er lud mich in sein Büro ein. Überrascht über die Einladung suchte ich sein Büro auf, nur um eine noch weit größere Überraschung zu erleben. Der Minister drängte mich, nach Hause zurückzukehren und die protestantischen Gemeinden in Westeuropa zu motivieren, die litauische Regierung beim Aufbau einer »Christlichen Universität« zu unterstützen. »Wir müssen die Denkweise unseres Volkes verwandeln. Dies kann nur durch Christen geschehen, die Jesus kennen und ihm folgen«, sagte er. »Ich bin Atheist, doch der Atheismus hat uns nur die Sklaverei gebracht. Sie predigen, dass Jesus Wahrheit, moralische Integrität und Würde anbietet und sie sagen, die einzige Vorbedingung

2 Ein Bericht über die Reise ist zu finden in: Johannes Reimer: Das Ende einer Supermacht. Wanja Richter und die letzten Tage des Eisernen Vorhangs, Basel/Gießen 2009, S. 135-139.

dafür ist zu verstehen, was Wahrheit ist. Dem stimme ich zu, deshalb kommen Sie und lehren mein Volk die Wahrheit!« Er versprach uns jede politische Unterstützung für den Aufbau einer litauischen christlichen Universität. »Solch eine Universität ist eine politische Notwendigkeit«, schloss er seine Bitte.

Heute ist die Internationale Universität LCC in Klaipeda in jeder Hinsicht ein lebendiges christliches Zeugnis und eine bedeutende Bildungseinrichtung in einer aufsteigenden Nation, die seit langer Zeit Mitglied der Europäischen Union ist. Hunderte ihrer Absolventen wurden zu treuen Christen und zugleich zu einflussreichen Bürgern, die ihren Staat zum Guten prägen, wie der Minister es von mir Jahre zuvor erbeten hatte.[3]

Erst Jahre später begriff ich, wie politisch diese Initiative, eine christliche Institution in Litauen zu etablieren, gewesen war. Sie hat offensichtlich einen großen Beitrag zur Demokratisierung und zur gesellschaftlichen Entwicklung in einem Land geleistet, das früher Teil der Sowjetunion war. Ich erkannte auch, welch entscheidende Rolle Christen bei der Auflösung des sowjetischen Unrechtssystems spielten. Die Kraft der Veränderung bestand weniger in Waffengewalt, sondern in einem alternativen Lebensstil und in der Kraft, die Würde gerade auch dort zu bewahren, wo dies bedeutete, sie vollständig zu verlieren.[4]

1.3 Theologische Perspektiven

Meine persönlichen Erfahrungen veranlassten mich, mein Verständnis der Zusammenhänge durch weitere Forschungen zu vertiefen. Besonders danke ich meinen theologischen Lehrern an der University of South Africa (UNISA), vor allem David J. Bosch und Willem A. Saayman, sowie dem mennonitischen Theologen John Howard Yoder, die mich bei meiner Suche nach einer Theologie des politischen Engagements begleiteten.

3 Die Geschichte der LCC ist nachzulesen in: Sarah Klassen (Hg.): Lithuania Christian College. A Work in Progress. Winnipeg 2001. Für Informationen über die Universität heute siehe: http://www.lcc.lt (09.03.2021).

4 Reimer, Das Ende einer Supermacht, S. 69-132.

Es war Professor Saayman, der viele Jahre als Missionar in Sambia gewirkt und anschließend eine Professur für Missiologie an der University of South Africa erhalten hatte, der ausdrücklich auf die Notwendigkeit hinwies, Inhalt und Umfang eines politischen Mandats der Kirche zu bestimmen. Er wies darauf hin, dass Mission immer mit Politik zu tun hat. Tatsächlich, so Saayman, hingen Mission und Politik zusammen.[5] Eine rein »ekklesiologische (auch missionarische) Neutralität« gibt es nicht.[6] Saayman stimmt dem niederländischen Missiologen Johannes Verkuyl darin zu, dass jedes Bekenntnis Israels »Jahwe ist Gott« und jedes Bekenntnis der Kirche »Jesus ist Herr« »schon immer sowohl ein Glaubensbekenntnis als auch eine politische Aussage darstellte, die unweigerlich in politische Entscheidungen und Aufgaben mündet«.[7] Dabei bezog er sich auf John Howard Yoders Theologie des Kreuzes als Zentrum von Jesu Lehre.[8] Yoder und konsequenterweise auch Saayman sahen im Kreuz »das politische, juristisch zu erwartende Ergebnis des moralischen Zusammenstoßes mit den die Gesellschaft beherrschenden Mächten«.[9] Nach Yoder ist es nicht möglich, die Lehren Jesu von Politik zu trennen. Seine Argumente haben meine Theologie der Mission entscheidend geprägt.

Saayman setzt seinerseits Mission und Theologie insofern in Beziehung, als Gott in menschlicher Geschichte handelt, den sozialen Raum nach seinem Willen gestaltet und seine Herrschaft gerecht ist. Gott stellt Gerechtigkeit, eine genuin politische Dimension, in der menschlichen Geschichte her. Sein Interesse gilt dem Nächsten und seinem Befinden. Saayman schreibt: »Aufgrund dieser grundsätzlichen Entscheidung für den Nächsten ist Gerechtigkeit ein Kernaspekt kirchlicher Mission – und bindet sie fest an die menschliche Gesellschaftsordnung.«[10] Er geht so weit, dem Statement des Ökumenischen Rats der

5 Willem Saayman: Christian Mission in South Africa. Pretoria, UNISA, 1991, S. 11-16.
6 Ebd., S. 11.
7 Ebd., S. 12; vgl. auch Johannes Verkuyl: Inleiding in de nieuwere Zendingswetenschap, Kampen 1975, S. 534.
8 Ebd., S. 14.
9 John Howard Yoder: Die Politik Jesu, Schwarzenfeld 2012, S. 147.
10 Saayman, Christian mission, S. 12.

Kirchen (ÖRK) zuzustimmen: »Es gibt keine Erlösung außerhalb der Gerechtigkeit.«[11]

Saaymans Argumente und Schlussfolgerungen beeindruckten mich und forderten mich persönlich heraus, nach einem biblisch fundierten und zugleich anwendungsbezogenen Verständnis des Verhältnisses zwischen Mission und Politik zu suchen. Hier sprach ein Missionar, dem die Evangelisierung derer auf dem Herzen lag, die nichts von Gott wussten, und der sich zugleich als biblischer Realist Gott und seiner Mission zutiefst verpflichtet fühlte. Einige dieser Lektionen meines verehrten, inzwischen verstorbenen Professors stelle ich in diesem Buch vor.

1.4 Die ökumenische Bewegung – ein rotes Tuch

Das Konzept einer *missio politica* wurde im Rahmen der ökumenischen Bewegung entwickelt. Es war der Internationale Missionsrat (IMR), und nachdem dieser 1961 im ÖRK aufging, dessen Kommission der Kirchen für Internationale Angelegenheiten (KKIA), die die theologischen Grundlagen für die damals sogenannte *missio politica oecumenica* legte.[12] Das dort entwickelte Konzept ermutigte Kirchen weltweit, ihr politisches Engagement als grundlegenden Teil ihrer missionarischen Arbeit zu begreifen.[13] Der niederländische Missiologe Johannes Verkuyl erweiterte das Konzept und stellte es auf eine solide evangelikale theologische Basis.[14]

Vor diesem Hintergrund gehen bei dem Ausdruck *missio politica* in evangelikalen Kreisen alle Warnlichter an. Das politische Engagement des ÖRK war in vielerlei Hinsicht problematisch. Der Begriff wurde in enger Verbindung zu einer Theologie gebraucht, die einseitig Wohlergehen mit Heil gleichsetzte, das ewige Heil als solches ausblendete und das Königreich Gottes als ein humanitäres Projekt verstand. So trug zum Beispiel die Unterstützung des ÖRK für die Freiheitsbewegungen

11 Ebd., S. 12.
12 Vgl. S. A. Teinonen: Missio politica oecumenica, Helsinki 1961.
13 Teinonen, Missio, S. 10.
14 Verkuyl, Inleiding.

in Afrika oder Lateinamerika durch die Lieferung von Waffen dazu bei, einen Keil zwischen Landeskirchen und evangelikale Christen zu treiben. Diese kritische Haltung brachte ich also als mein rotes Tuch mit, als ich in Südafrika meine Studien bei David J. Bosch und Willem A. Saayman fortsetzte. Dafür gab es eine Reihe plausibler Gründe. David Bosch hatte sich nicht dagegen ausgesprochen. Ganz im Gegenteil, er befürwortete meine Kritik und bereicherte sie mit vielen wertvollen Einsichten. Er schien sein eigenes rotes Tuch zu schwenken, doch eines Tages stellte er mir eine einfache Frage, die mich veranlasste, meines für immer niederzulegen: »Johannes, was sagt Gott zu der Ungerechtigkeit in der Welt? Die ökumenische Bewegung mag sich irren, Gott tut es nicht. Erlaube es denen, die unrecht tun, nicht, deine Theologie zu bestimmen, überlass das der Bibel. Weise das Falsche zurück, nimm das Richtige an und pauschalisiere niemals.« Dies war nur eine der vielen überraschend schlichten Einsichten, die David Bosch mit mir teilte. Deshalb bin ich bereit, von jedem zu lernen, solange sich seine Aussagen in der Heiligen Schrift widerspiegeln.

Natürlich sehe ich, wie problematisch die Frage nach der Terminologie ist, vor allem wenn es um Politik und Kirche geht. Der britische Theologe John Stott schrieb einmal:

> Beim Gebrauch des Wortes »politisch« beginnen in den Köpfen vieler Evangelikalen rote Warnlichter zu blinken. Schon immer haben sie sich in der humanitären Arbeit engagiert, besonders in medizinischen und Bildungsprogrammen; vor politischer Aktivität scheuen sie jedoch oft zurück.[15]

Stott arbeitete sich intensiv durch die sprachlichen Probleme und die problematischen Theologien, die dahinterstanden, bis er zu seinem eigenen Verständnis von Mission mit einer klaren politischen Dimension kam. In dieser Zeit erfolgte die Gründung des Lausanner Komitees für Weltevangelisation (LCWE), die eine tiefe Spaltung der weltweiten Christenheit markierte, gleichzeitig gewann eine Bewegung unter

15 John R.W. Stott: New Issues Facing Christians Today, Grand Rapids 2006, S. 13.

evangelikalen Christen, die für soziale Gerechtigkeit eintraten und ein integrales Verständnis von Gottes Mission in der Welt vertraten (Evangelicals for Social Justice – ESJ), zunehmend Einfluss. Wie viele andere Evangelikale öffnete sich auch Stott für eine ganzheitlichere Sicht auf das, was die Mission Gottes in dieser Welt umfasst.

Es ist meine Hoffnung, dass diese Studie die Leser ermutigt, selbst die Bibel durchzuarbeiten und diese Fragen für sich selbst zu klären. Vor allem wer in der Mission involviert ist, muss seine Mission in der Welt auf eine solide Grundlage stellen. Ohne rechte Erkenntnis gehen die Menschen zugrunde (Hos 4,6), aber die Erkenntnis der Wahrheit führt zur Freiheit und angemessenem Handeln (Joh 8,32).

1.5 Die entscheidende Frage

In diesem Buch untersuchen wir die Berechtigung eines theologischen Engagements der Kirche. Besitzt die Kirche ein politisches Mandat? Ist politisches Engagement vielleicht sogar ein wesentlicher Bestandteil von Mission? Oder sollte sich die Kirche als Institution von jeder Form von Politik distanzieren, sich von einer aktiven Teilnahme am Weltgeschehen zurückziehen und sich auf eine rein religiöse Rolle beschränken? Ist eine solche Rolle überhaupt realistisch?

Diese Fragen sind keineswegs neu. Christen haben zu unterschiedlichen Zeiten und in unterschiedlichen Kontexten nach Lösungen gesucht. So haben z.B. die orthodoxe Kirche[16], die römisch-katholische Kirche[17] oder die protestantischen Landeskirchen[18] politische Funk-

16 Siehe z.B. die Soziallehre der Russisch-Orthodoxen Kirche: Charles West: »The Russian Orthodox Church and Social Doctrine: A Commentary on Fundamentals of the Social Conception of the Russian Orthodox Church«, in: Occasional Papers on Religion in Eastern Europe, Vol. 22/2, 2002: Artikel 3, online: http://digitalcommons.georgefox.edu/ree/vol22/iss2/3 (19.01.2021).

17 Siehe z.B. das »Compendium of the Social Doctrine of the Church«, in: http://www.vatican.va/roman_curia/pontifical_councils/justpeace/documents/rc_pc_justpeace_doc_20060526_compendio-dott-soc_en.html (09.03.2021).

18 Als ein Beispiel für die politische Rolle der American Mainline Church siehe: Kraig Beyerlein; Mark Chaves: »The Political Activities of Religious Congregations in the United States« in: Journal for the Scientific Study of Religion, Vol. 42/2, 2003, S. 229-246.

tionen übernommen. Andere jedoch, wie z.B. die Wiedertäufer, zogen sich von jeder gesellschaftlichen Beteiligung zurück[19] und wurden zu den sogenannten »Stillen im Lande«[20], die den anderen vorwarfen, das Evangelium aus dem Blick verloren zu haben.

Wer hat hier recht? Das Thema der politischen Beteiligung von Christen spaltet die Christenheit weltweit noch immer in konformistische und nichtkonformistische Lager. Wir brauchen bei dieser Frage eine theologische Begründung und eine biblische Perspektive, denn die Bibel ist die letzte Instanz für uns Christen in allen Fragen des Lebens und der Mission. Was sagt die Bibel über unsere Mission in der Welt? Haben wir politische Verantwortung für die Gesellschaft oder nicht?

1.6 Es kommt auf die Perspektive an

Die überwiegende Mehrheit der Christen weltweit versteht aufgrund ihrer Lektüre der Bibel Mission als die Mission Gottes.[21] Er ist der Ursprung aller Mission und ihr Hauptakteur. Will man die Mission der Kirche bestimmen, muss man bei Gott, seinem Plan für und seinem Handeln in der Welt beginnen. Dabei sind folgende Fragen zu beantworten:

- Mit welcher Absicht schuf Gott die Welt und mitten darin uns Menschen?
- Wohin führt er die Welt?
- Was ist unsere Bestimmung als Menschen?
- Wie sieht die große Geschichte aus, das große Bild, das Gott für die Welt im Sinn hat?
- Was genau ist *seine* Mission?

19 James Urry: Mennonites, Politics and Peoplehood, Europe-Russia-Canada, 1525–1980, Winnipeg 2006.
20 Urry, Mennonites, S. 3.
21 Unzählige Publikationen beschäftigen sich mit dem Konzept der *missio Dei*, z.B.: Christopher Wright: The Mission of God. Unlocking the Bible's Grand Narrative, Downers Grove 2006.

Antworten auf solche Fragen finden wir in der Bibel – und nur in der Bibel. Sie ist Gottes große Erzählung, die wir entschlüsseln müssen, wenn wir verstehen wollen, was seine Mission für die Welt ist. Nur sein Verständnis von Mission gibt uns den angemessenen Referenzrahmen für die Mission der Kirche. Nur innerhalb dieses Referenzrahmens sind auch die Details angemessen zu verstehen. Wir wollen daher die Schrift aus einer missiologischen Perspektive lesen. Die Bibel aus einer engeren Perspektive verstehen zu wollen, führt den Leser in die Irre und verwirrt ihn mehr, als dass sich dadurch Antworten auf die Frage nach der politischen Verantwortung der Christen gewinnen lassen. Wenn wir aber nach Antworten im Gesamtrahmen des göttlichen Willens suchen, wird unser Blick dafür geschärft, was er selbst als gut und böse, richtig und falsch bestimmt hat.

2 Gott und seine Mission im Alten Testament

2.1 Gott – die Quelle und das Fundament

Das Alte Testament offenbart uns Gott als den Schöpfer des Universums, als allgegenwärtiges und allmächtiges Wesen. Israel, Gottes Volk, wird aufgefordert, zu bekennen: »Höre Israel! Der HERR ist unser Gott, der HERR allein« (5Mo 6,4 ELB). Gott ist jedoch nicht nur ihr Gott, er ist Gott der ganzen Erde (1Mo 18,25; Ps 22,28-29 u.ö.; Jer 10,6-7; Dan 2,47). »Die ganze Erde gehört mir«, sagt Gott (2Mo 19,5). Die Völker berufen sich auf eigene Götter (2Mo 9,14; 5Mo 3,24; Ps 96,5), doch in Wahrheit sind sie keine Götter, sondern von Menschen geschaffene Götzenbilder (Jes 37,19). Israel erhält das Gebot, keine anderen Götter neben Jahwe zu haben (2Mo 20,3). Der Prophet Jesaja zitiert Gott mit den Worten: »Denn ich bin Gott, und sonst keiner« (Jes 46,9 LUT).

Die Perspektive des Alten Testaments auf Gott und die Götter ist von grundlegender Bedeutung für eine Theologie der Mission. Warum? Zunächst etabliert sie ein Grundmuster der Autorität: Was auch immer wir Menschen über das Leben und seine Bedeutung auf der Erde aussagen, muss sich zurückbeziehen auf den Urheber des Lebens – Gott, die Quelle allen Seins! Dies bezieht auch die Mission mit ein. Es kann keinen anderen Grund für Mission geben als den, welchen Gott als gültigen Grund bestimmt. Mission muss daher theologisch durchdacht und diskutiert werden. Sie ist zuallererst Gottes Mission.

Zum Zweiten schließt das Alte Testament andere sekundäre Quellen und Begründungen für den Sinn des Lebens aus. Die Götter der Menschen sind nichts und ihre Religionen sind nur ein schwacher Abklatsch von dem, was Jahwe, der einzig wahre Gott, anbietet. Mission wird niemals auf ihre Einsichten zurückgreifen, außer in den Fällen, in denen diese Einsichten mit dem übereinstimmen, was Gott uns in seinem *Wort* offenbart hat.

Das Gottesbild des Alten Testaments stellt für uns den ersten Bezugsrahmen für eine biblische Theologie der Mission dar. Es bezieht Mission auf die ureigenste Natur Gottes und beschreibt Mission als Handlung des souveränen Gottes. Wir werden unsere Antwort nach dem Verhältnis von Mission und Politik nur angemessen beantworten können, wenn wir herausfinden, worin die Mission Gottes besteht. Dafür beginnen wir dort, wo Gottes Missionsgeschichte beginnt: im Alten Testament.

2.2 Die Bestimmung der Schöpfung

Die erste Selbstoffenbarung Gottes ist die als Schöpfer der Welt. Laut dem Alten Testament schuf er die Welt *ex nihilo*, aus dem Nichts (1Mo 1,1ff). Vor ihm existierte kein Universum. Er ist der Urheber der Welt. Der Prophet Jesaja zitiert Gott mit den Worten: »So spricht der HERR: Der Himmel ist mein Thron und die Erde der Schemel meiner Füße! Was ist denn das für ein Haus, das ihr mir bauen könntet, oder welches ist die Stätte, da ich ruhen sollte? Meine Hand hat alles gemacht, was da ist, spricht der HERR« (Jes 66,1-2 LUT).[22]

Gott ist der Schöpfer der Welt und was auch immer er schafft, hat eine Bedeutung. Hinter allem, was Gott tut, steht ein göttlicher Plan. Gott verfolgte eine Mission, als er das Universum schuf. Der Schöpfungsakt muss daher als ein Akt der Mission verstanden werden, was uns den zweiten Aspekt einer biblischen Theologie der Mission eröffnet. Jede Auseinandersetzung mit Gottes Mission in der Welt muss mit der Schöpfung beginnen. Hier begann jegliche Form von Mission. Dabei ist Gott sowohl der Sendende als auch der Gesandte. Er ist die Quelle seiner eigenen Mission. Daher ist jede Mission zuallererst Gottes Mission – *missio Dei*. Gott ist der Herr der Mission und der ausführende Missionar in einer Person! In seiner Weisheit wurde die Welt durch *ihn* geschaffen, und er schuf die Welt, um seinen Plan zu verwirklichen. Der Zusammenhang von Schöpfung und Mission ist der zweite Bezugsrahmen, den uns das Alte Testament bietet. Gott, der

22 Vgl. Hiob 38,4-7; Ps 104,1-30.

Missionar, beginnt seine Mission für die Welt dadurch, dass er sie mit einer Bestimmung erschafft.

Die alttestamentliche Perspektive auf die Schöpfung ist eine wichtige Grundlage für eine Theologie der Mission. Sie gibt der Mission ihren Rahmen. Gott geht es nicht nur um uns Menschen – er setzt ein Universum in Bewegung. Dieses Universum als Ganzes ist Gegenstand seines Wirkens durch die Geschichte. Mission muss daher immer die Schöpfung in ihrer Ganzheit einschließen, niemals nur Teilaspekte.

2.3 Gottes Plan für die Menschheit

Gott schuf die Welt und stellte mitten in seine Schöpfung den Menschen, geschaffen nach seinem Bild (1Mo 1,26). Adam und Eva, die ersten Menschen, wurden geschaffen, um zu herrschen, sich zu vermehren und die Erde zu bebauen (1Mo 1,28). Sie wurden gottähnlich geschaffen und seine Mission wurde in ihre Hände übergeben (1Mo 1,26). Diese Mission lässt sich am treffendsten als kulturelles Mandat beschreiben.[23] Er schuf die Welt, und die Menschen sollten sie bebauen und als einen Ort gottgefälligen Lebens gestalten, indem sie das Land kultivieren, Städte bauen, die Musik erfinden und das Leben genießen (1Mo 5).[24] Gott als der eigentliche Missionar beruft Männer und Frauen, um seinen Willen in Zeit und Raum zu verwirklichen.

Darin lässt er die Menschheit jedoch nicht allein. Seine Berufung beginnt mit einem Segen (1Mo 1,28a). Gottes Segen und seine Mission gehören zusammen. Wen er sendet, den segnet er zuvor, ja, er wird ihm zum Bündnispartner und sagt ihm seine Gegenwart in allen Situationen zu, in die der Gesandte geraten mag. Beispiele dafür bieten der Bund mit Noah (1Mo 6,1-19), mit Abram (1Mo 12,1-3) und viele weitere. Sendung und Segen bilden den dritten Bezugsrahmen für Mission, den uns das Alte Testament aufzeigt.

23 Roger E. Hedlund: The Mission of the Church in the World. A Biblical Theology, Grand Rapids 1985, S. 23.

24 Carroll Stuhlmueller bezeichnet diesen Prozess als Akkulturation: D. Senior; C. Stuhlmueller: The Biblical Foundations for Mission, Maryknoll 1983, S. 36ff.

2.4 Gott offenbart sich in der Geschichte

Gott schafft die Welt und erhält sie. Das Alte Testament bezeugt auf vielfältige Weise Gottes heilvolles Eingreifen in der Welt. Von den ersten Seiten der Genesis bis zum letzten Propheten des Alten Testaments begegnen wir einem fürsorgenden Gott. Das Alte Testament vergeistigt Gottes Gegenwart nicht. Sein Eingreifen ist real und verwirklicht sich in der Geschichte seines Volkes. Die anderen Götter erscheinen vergeistigt und verborgen, Jahwe dagegen offenbart sich in lebendigen Taten. Er ist ein Gott, der sich mitten unter die Menschen begibt, seine Gegenwart ist wahrnehmbar. Um das auszudrücken, verwendet das Alte Testament anthropomorphe Sprache: Gott wandert durch den Garten (1Mo 3,8), er spricht zu den Menschen und der Schlange (1Mo 3,14-15; 4,6-16; 7,1-5 u.ö.).

Menschen lernen Gott durch Erfahrung kennen. Er sucht von sich aus den Dialog und die Gemeinschaft der Menschen und wird bekannt als der Gott Abrahams, Isaaks und Jakobs. Er erwählt einzelne Personen, offenbart ihnen seinen Willen und wirkt durch sie.

Wer das missionarische Herz Gottes kennenlernen will, muss ihn in der Geschichte suchen. Gottes Mission findet in Zeit und Raum statt, sie verwirklicht sich in der Welt. Er offenbart sich selbst mitten im wirklichen Leben. Es gibt keinen Lebensbereich, an dem er nicht teilhaben will. Er gründet Nationen wie Israel (1Mo 15,1-3) und etabliert dieses Volk in einem verheißenen Land, nachdem er es aus der Knechtschaft in Ägypten geführt hat (2. Buch Mose). Er bietet dem Volk ein detailreiches, lebensnahes Gesetzeswerk an, das alle sozialen, ökonomischen, politischen und geistlichen Lebensbereiche umfasst (3. Buch Mose). Wo Gott inmitten seines Volkes erscheint, wird das Leben bereichert, wo er spricht, betrifft es das Leben im Kern. Für unsere Theologie der Mission ergibt sich als vierter Bezugsrahmen das Verhältnis von Offenbarung und Geschichte, Mission und ihrem Kontext.

2.5 Gott will seine Schöpfung heilen

Gott schuf den Menschen mit einem freien Willen und unsere Vorfahren entschieden sich dafür, ihm ungehorsam zu sein, indem sie die Geschichte der Menschheit in Leid und Schmerz stürzten (1Mo 3-6). So verloren sie das ewige Leben; der Tod zog in die menschliche Geschichte ein. Dennoch vernichtete Gott die Menschheit nicht völlig, sondern offenbarte stattdessen seine Gnade und seine Liebe.

Die Autoren des Alten Testaments betonen beides: das menschliche Dilemma der Sünde und Gottes wiederholtes Rettungshandeln. Das Thema der Erlösung zieht sich durch sämtliche Bücher des Alten Testaments. Gott straft Sünde, aber er zieht seinen Segen und seine fürsorgliche Hand nicht von seiner Schöpfung zurück. Er sendet eine Flut der Zerstörung, schließt jedoch anschließend einen Bund mit Noah (1Mo 6). Er zerstreut die Völker, aber erwählt im Anschluss Abram dazu, ein Segen für alle Nationen zu sein (1Mo 11–12; 12,3). Schließlich erwählt er Israel aus allen Nationen, um ein Segen für die Welt zu werden.[25] Das Ziel all dieser missionarischen Energie, die aus dem Herzen Gottes fließt, findet ihren Höhepunkt in der »Rettung für die ganze Welt« (Jes 49,6). Jeder Versuch einer biblischen Theologie der Mission muss sich auf Gottes Erlösungswillen beziehen. Befreiung und Wiederherstellung sind zentrale Themen des Alten Testaments. Der fünfte Bezugsrahmen, der in eine Begründung der Mission auf der Basis des Alten Testaments einbezogen werden muss, ist der Aspekt von Mission und Wiederherstellung, Mission und Erlösung. »Die tragische Entfremdung des Menschen von Gott und seinen Mitmenschen ist die Tatsache, die hinter der christlichen Mission steht«.[26]

25 Vgl. Stuhlmueller in Senior/Stuhlmueller, The Biblical Foundations, S. 13.
26 Hedlund, A biblical theology, S. 24.

2.6 Israel – Vorbild und Paradigma

Das Alte Testament beschäftigt sich fast ausschließlich mit der Geschichte Israels. Gott schuf Israel, um den Nationen der Welt seinen Willen aufzuzeigen. In 5Mo 28,9-10 lesen wir:

> Der Herr wird dich zum heiligen Volk für sich erheben, wie er dir geschworen hat, weil du die Gebote des Herrn, deines Gottes, hältst und in seinen Wegen wandelst. Und alle Völker auf Erden werden sehen, dass über dir der Name des Herrn genannt ist, und werden sich vor dir fürchten (LUT).

Israel existiert, weil es Gott letztlich um alle Völker geht. Samuel und Sudgen betonen mit Recht die besondere Berufung Israels als Licht für die Nationen (z.B. 1Mo 17,6; Jes 42,6; 49,6), als Modell einer Nation nach dem Willen und Herzen Gottes.[27] Israels Geschick ist in vielerlei Hinsicht eine Blaupause für Gottes missionarisches Handeln in der Welt. Um eine biblische Theologie der Mission zu entwerfen, müssen die Natur, die Struktur und die Gesetze untersucht werden, nach denen die israelitische Gesellschaft funktionieren sollte. Gottes Wille für sein Volk hat unmittelbare Auswirkungen auf seinen Willen für die Völker. Ein Segen für die Nationen zu sein, setzt die Kenntnis davon voraus, was ein gesegnetes Leben ist. Eine Theologie der Mission wird diesen sechsten Bezugsrahmen von Mission und Israels Rolle unter den Nationen untersuchen müssen.

2.7 Ein heiliges Volk inmitten der Völker

Das Alte Testament stellt Israel, Gottes erwähltes Volk, in den Mittelpunkt. Die Geschichte Israels wird jedoch durchgängig mit Blick auf seine Beziehungen zu den Nachbarvölkern erzählt. Tatsächlich wird die Bühne, auf der sich die Geschichte von Gottes erwähltem Volk

27 Vinay Samuel; Chris Sugden (Hg.): Church in response to Human Need. Oxford 1987, S. 128.

entfaltet, von den Völkern ringsum und innerhalb von Israel gestaltet. Selbst der Auszug aus Ägypten, die Grunderzählung Israels, wird von einer Schar von »anderen Völkern« begleitet (2Mo 12,38). Diese »anderen« waren schon immer da (4Mo 11,4). Die »anderen« werden zu einer ständigen Herausforderung und zu einem göttlichen Ruf an Israel. Sie stellen Israels Glaubenssystem infrage, führen in Israel Götzendienst und unmoralische Verhaltensweisen ein und lernen zugleich Gottes Art und Weise kennen, wie er sein Volk rettet und formt. Israel ist das Vorbild, das Gott den Nationen anbietet. Folgerichtig sehen die Propheten eine endzeitliche Sammlung der Völker in Jerusalem voraus (Jes 2,2-4).[28] Hier in Jerusalem errichtet Gott seinen Thron, um die neue Schöpfung zu regieren (Jes 35,1-14; 65,17-18). Zion ist der Ort, an dem Gott wohnt (Ps 24,7-10). Die Völker der Welt werden in Zion zusammenkommen (Jes 11,10) und hier werden sie seine Lebensordnung kennenlernen (Jes 2,2-4) und ihn anbeten (Ps 22,28-32). In Zion werden die Nationen der Welt zu Gott zurückkehren (Sach 2,11), und es wird Gott selbst sein, der sie dorthin bringt (Jes 56,6-8).

Lehrt das Alte Testament eine aktive Mission Israels für die Nationen? Eine Reihe von Theologen vertritt diesen Ansatz.[29] Vertreter einer aktiven Rolle Israels in Gottes Mission verweisen meist auf das Buch Jona, um ihre Thesen zu untermauern.[30] Ihrer Auffassung nach ist die Sendung eines israelitischen Propheten zu einer heidnischen Nation Beweis genug für ein missionarisches Mandat Israels. Andere haben dem widersprochen.[31] Zweifellos vertritt das Buch Jona ausdrücklich Gottes

---

28 Siehe auch: Micha 4,1-5; Ps 36,8-9; Ps 50,1-2 und andere.

29 So z.B. John Bright: The Kingdom of God in Bible and Church, London 1955; Richard Schultz: »Und sie verkündigen meine Herrlichkeit unter den Nationen. Mission im Alten Testament unter besonderer Berücksichtigung von Jesaja«, in: Hans Kasdorf; Friedemann Walldorf (Hg.): Werdet meine Zeugen, Neuhausen-Stuttgart 1996, S. 33-53; Walter Kaiser: Mission in the Old Testament. Israel as Light to the Nations, Grand Rapids, 2000; Charles H. Scobbie: »Israel and the Nations: An Essay in Biblical Theology«, in: Tyndale Bulletin 43/2, 1992, S. 283-305.

30 Bright, The Kingdom of God, S. 162-163; Ian M. Hay: Isaiah and the Great Commission. An Old Testament Study of New Testament Missions, Charlotte, NC 1994, S. 22ff; Kaiser, Mission in the Old Testament, S. 65-71; u.a.

31 Vgl. die Diskussion in Andreas J. Köstenberger; Peter T. O'Brien: Salvation to the Ends of the Earth. A biblical theology of mission, Downers Grove, 2001, S. 44f.

Anspruch, über alle Nationen zu herrschen. Auch Ninive ist seine Stadt (Jona 4,11). Die Menschen Ninives sind ihm wichtig! Deshalb sendet er Jona, einen Israeliten, um sie zu warnen. Gottes Auftrag widerspricht jedoch Jonas Überzeugungen. Er ist nicht bereit, Gottes Auftrag auszuführen, wird jedoch dazu gezwungen. Mehr gibt der Text allerdings nicht her. Er enthält keinerlei Reflexion über einen Missionsauftrag an Israel. Jona wurde als Einzelperson berufen, so wie Daniel oder Esther. Ich sehe nicht, wie dieser Text einen Ruf an Israel begründet, zu den Nationen zu gehen und ihnen zu predigen.

Ähnlich problematisch ist der Gebrauch der sogenannten Zionspsalmen als Begründung einer aktiv missionarischen Rolle Israels. Legrand[32] und Köstenberger[33] weisen darauf hin, dass die Psalmen zuallererst liturgische Loblieder Israels zu dem Gott ihrer Rettung sind. Die Zionspsalmen unterscheiden sich davon keineswegs. Sie preisen Gott, der als König in Zion regiert (Ps 46,5-8; 48,2-4; 84; 87), in all seiner Herrlichkeit (Ps 5,8; 11,4; 65,5; 68,5 u.ö.). Die Völker der Welt sind eingeladen, herbeizukommen und an den Segnungen Israels teilzuhaben (Ps 72,8-11; 102,14-23). Nirgendwo ist ein Auftrag an Israel zu finden, aktiv zu den Nationen zu gehen. Vielmehr wird das Gegenteil erwartet – die Nationen werden nach Zion kommen.

Die dritte Begründung einer möglichen aktiven Mission Israels findet sich in den vier Gottesknechtsliedern des Buches Jesaja: Jes 42,1-4; 49,1-6; 50,4-9; 52,13–53,12 (vgl. 61,1-3).[34] Der Knecht Gottes wird als Gottes Auserwählter vorgestellt (Jes 41,1), er ist gesandt, die Völker das Recht und Gerechtigkeit zu lehren (42,4.6), ein Gesetz, das von Gott selbst eingesetzt ist, dem Schöpfer der Welt (40,14.27). Er allein befindet über Recht und Unrecht in der gesamten Welt.[35] Der Knecht wird die Nationen Gottes Gesetz lehren (49,1), und Israel mit ihm (42,6). Der Prophet nennt ihn sogar Israel (49,3). Er wird Israel wieder aufrichten

32 Lucien Legrand: Unity and Plurality. Mission in the Bible. Maryknoll, NY 2002, S. 8.

33 Köstenberger/O'Brien, Salvation to the ends of the earth, S. 50.

34 Vgl. Hedlund, A biblical theology, S. 110-119; Scobbie, Israel, S. 291-292; David F. Payne: »The Meaning of Mission in Isaiah 40-55«, in: T. Lane Billington/M. Turner (Hg.): Mission and Meaning. Essays presented to Peter Cotterell, Carlistle 1995, S. 3-11.

35 Köstenberger/O'Brien, Salvation to the ends of the earth, S. 46.

(49,5-6) und das Heil verkündigen bis an die Enden der Erde (49,6b). Einige Ausleger sehen in der Bezeichnung des Knechts als »Israel« einen Hinweis auf eine Kollektivbezeichnung Israels und daher einen missionarischen Aufruf an ganz Israel.[36] Ich kann diese Interpretation nicht teilen. Der Knecht ist berufen, Israel wiederherzustellen und es nach Zion zurückzubringen (49,8ff). Israel selbst ist blind (42,18-22), es verkennt und verachtet den Knecht (53,3f). Dieser jedoch nimmt die Sünde Israels auf sich (53,8ff), wodurch Israel wiederhergestellt wird (Jes 54–55) und die Nationen sich in Zion versammeln.

Köstenberger und O'Brien schließen ihre Untersuchung mit der folgenden Zusammenfassung ab:

> Die Argumentation, Israel habe eine missionarische Aufgabe und hätte Mission betreiben sollen, wie wir sie heute verstehen, geht über den biblischen Befund hinaus. Es gibt keine Anhaltspunkte dafür, dass Israel sich in »interkultureller und äußerer Mission« hätte engagieren sollen.[37]

An keiner Stelle lehrt das Alte Testament eine proaktive Mission Israels für die Völker. Israel ist dazu berufen, eine heilige Nation unter den Völkern zu sein. Im besten Fall wirkt es als priesterlicher Vermittler (Sach 8,20-23), aber niemals handelt es aktiv missionarisch. Dies bedeutet nicht, dass Israel *keine* Mission hat. Ganz im Gegenteil, Israels Aufgabe in der Weltgeschichte ist es, ein Beispiel einer Gott gehorsamen Nation zu sein. Ihm sind die Gebote des Herrn übergeben (2Mo 20). Sie wissen, was Gut und Böse in den Augen Gottes ist. Israel hat eine göttliche soziale und ökonomische Ordnung empfangen. Die Einrichtung des Jobeljahrs (3Mo 25) stellt das Paradigma eines Lebens dar, das sowohl auf Gerechtigkeit als auch auf Wohlstand basiert. Paul House betont zu Recht, dass diese Tradition des Erlassjahrs eine intakte Beziehung zwischen Israel und Jahwe voraussetzt.[38] Die »Furcht Gottes« (V. 17), das Bewusstsein, auf Gottes Versorgung angewiesen zu sein (V. 18-22), das Wissen, dass das Land letztlich Gottes Eigentum

36 Vgl. z.B. Kaiser, Mission in the Old Testament, S. 63.
37 Köstenberger/O'Brien, Salvation to ends of the earth, S. 35.
38 Paul R. House: Old Testament Theology, Downers Grove 1998, S. 147.

ist (V. 23-24) und sich selbst als Eigentum des Herrn zu verstehen (V. 35-55) bilden den Bezugsrahmen einer solchen Kultur.[39] Ja, Israel hat eine Mission, eine sehr klare Mission. Christopher Wright drückt es so aus: »Israel hat eine missionale Rolle inmitten der Völker. Dies beinhaltet eine Identität und Rolle, die sich auf Gottes letzte Absicht bezieht, alle Völker zu segnen.«[40] Der schwedische Missiologe Bengt Sundkler führte 1937 das Konzept einer zentripetalen gegenüber einer zentrifugalen Mission ein.[41] Israels Mission ist zentripetal, es lädt die Nationen ein, zu kommen und die Herrlichkeit Gottes in Zion zu sehen. Zentrifugale Mission, wie sie im großen Missionsauftrag Jesu beschrieben wird, sendet die Jünger zu den Nationen (Mt 28,19-20). Für eine solche zentrifugale Mission gibt es im Alten Testament keine Anhaltspunkte.[42]

Eine Theologie der Mission muss die universelle Natur von Gottes Herrschaft mit einbeziehen. Die Beziehungen zwischen Israel und den Völkern, Gottesvolk und Weltvölkern und vor allem zwischen Gott und den Nationen muss als ein zentrales Konzept des Alten Testaments thematisiert werden.

2.8 Der Messias kommt aus Israel

Die Ausführung von Gottes Heilsplan liegt in den Händen eines eschatologischen Messias, der sowohl Israel als auch die Völker erneuern wird (Jes 61,1-2).

In einer Theologie der Mission muss die außergewöhnliche Rolle des *Ebed Jahwe*, des leidenden Gottesknechts, reflektiert werden. Er gilt als Messias Israels und letztlich als Messias der Völker. Der siebte Bezugsrahmen, Gottes Mission und sein Messias, ist von zentraler

39 Ebd.
40 Christopher Wright: The Mission of God, S. 24-25.
41 Bengt Sundkler: »Jesus et les païens«, in: Contributions a l'étude de la pensée missionaire dans le Nouveau Testament. Arbeiten und Mitteilungen aus dem neutestamentlichen Seminar zu Uppsala VI. Uppsala, 1937, S. 1-38.
42 Johannes Blauw: The Missionary Nature of the Church. A Survey of Biblical Theology of Mission, New York 1962, S. 35; Ott, Craig; Strass, Stephen J. Tennent, Timothy C.: Encountering Theology of Mission, Grand Rapids 2010, S. 23.

Bedeutung für das Schicksal Israels, aber auch für die Nationen, ja, die gesamte Welt. Auf diese Verheißung bezogen sich Jesus (z.B. Lk 4,18, vgl. Jes 61,1-2) und seine Jünger (Apg 2), um ihre Mission der Erlösung für die Welt zu begründen.

Das Alte Testament legt das Fundament und bietet einen Referenzrahmen für Theologie und Praxis von Mission. Es bietet sämtliche wichtige Elemente der Mission Gottes. Es benennt und präsentiert eine Welt, die Gott und sein innerstes Wesen versteht und in der Gottes Vorstellung von Menschlichkeit verwirklich wird. Zudem weist es auf die destruktiven Kräfte hin, die den Menschen von Gott trennen und ihn so vom göttlichen Segen abschneiden. Mit Israel begründet Gott ein lebendiges Vorbild und zeigt auf, um welche Themen es ihm geht. George W. Peters fasst die Bedeutung des Alten Testaments für eine Theologie der Mission so zusammen: »Das Alte Testament enthält nicht nur gewisse Missionsaussagen, es ist in sich selbst ›Mission‹ in der Welt.«[43]

Es ist unangemessen, eine proaktive Mission Israels ins Alte Testament hineinzulesen.[44] Die Mission der Kirche zu den Nationen, wie sie im Neuen Testament beschrieben wird, kann jedoch nur vor dem heilsgeschichtlichen Hintergrund des Alten Testaments angemessen verstanden werden. Zu Recht betont der deutsche Missiologe Hans-Werner Gensichen:

> Wenngleich das Alte Testament von einem Auftrag zu einer Mission des Gottesvolkes, zu einem Hinausgehen zu den Völkern nichts weiß, so gehört es doch zu dem heilsgeschichtlichen Rahmen, in dem hernach Mission erst möglich wird. Gottes Handeln im Alten Bund trägt wesentlich Verheißungscharakter; das, was Israel in seiner Geschichte mit Gott erfährt, ist geöffnet auf die endgültige Erfüllung hin, die in Christus geschieht.[45]

43 George W. Peters: Missionarisches Handeln und biblischer Auftrag. Eine Theologie der Mission, Bad Liebenzell, 2. Aufl. 1985, S. 147.

44 Vgl. die universalistischen Texte in 1Mo 12,1-3; Am 9,2ff; Ps 72,8ff; Jes 2,2ff; Mi 4,1ff; Jes 40ff, Mal 1,11. Diese Abschnitte begründen jedoch keine proaktive Sendung Israels zu den Völkern. Siehe Hans-Werner Gensichen: Glaube für die Welt. Theologische Aspekte der Mission. Gütersloh 1971, S. 62.

45 Gensichen, Glaube für die Welt, S. 62.

3 Mission und Politik im Alten Testament

3.1 Der Schöpfungsauftrag – ein kulturelles Mandat

Wir haben das Alte Testament auf sein Verständnis von Mission hin befragt und eine Reihe grundlegender Bezugspunkte für eine mögliche Wechselbeziehung von Mission und Politik ermittelt. Stellt das Alte Testament einen Zusammenhang zwischen den beiden Begriffen her? Und wenn ja, wie genau sieht dieser aus? Um die wichtigsten Aussagen zu untersuchen, beginnen wir bei der Schöpfung.

Gottes Geschichte mit der Welt beginnt mit der Schöpfung. In 1.Mose 1,1-12 lesen wir:

> Am Anfang schuf Gott den Himmel und die Erde. Die Erde aber war wüst und öde, finster war es über den Wassern. Und der Geist Gottes schwebte über der Wasserfläche. Da sprach Gott: »Es soll Licht entstehen!«, und es entstand Licht. Und Gott sah, dass das Licht gut war. Dann trennte er das Licht von der Finsternis. Gott nannte das Licht »Tag« und die Finsternis »Nacht«. Es wurde Abend und Morgen: der erste Tag. Und Gott sprach: »Es soll Raum zwischen den Wassern entstehen, der die Wasser voneinander trennt.« Und so geschah es. Gott schuf diesen Raum, um die Wasser oberhalb und unterhalb dieses Raumes zu trennen. Und Gott nannte den Raum »Himmel«. Es wurde Abend und Morgen: der zweite Tag. Und Gott sprach: »Die Wasser unter dem Himmel sollen sich an einem Ort sammeln, damit trockener Boden zum Vorschein kommt.« Und so geschah es. Gott nannte den trockenen Boden »Erde« und die Wasserfläche »Meer«. Und Gott sah, dass es gut war. Dann sprach er: »Auf der Erde soll Gras wachsen und sie soll Pflanzen hervorbringen, die Samen tragen, und Bäume voller unterschiedlichster Früchte, in denen ihr Same ist.« Und so geschah es. Auf der Erde wuchs

> Gras sowie Pflanzen und Bäume, die Samen trugen. Und Gott sah, dass es gut war.

Es ist offensichtlich: Gott schuf die Welt mit einer Bestimmung. Hinter seiner Arbeit steht ein Auftrag. Was er tut, folgt einer Mission. In Gottes Schöpfung kann es kein Wesen ohne Bedeutung und Bestimmung geben. Gott der Schöpfer ist ein missionarischer Gott. In diese wunderbare und vollkommene Welt stellte er Menschen. In 1.Mose 1,27-31 lesen wir:

> So schuf Gott die Menschen nach seinem Bild, nach dem Bild Gottes schuf er sie, als Mann und Frau schuf er sie. Und Gott segnete sie und gab ihnen den Auftrag: »Seid fruchtbar und vermehrt euch, bevölkert die Erde und nehmt sie in Besitz. Herrscht über die Fische im Meer, die Vögel in der Luft und über alle Tiere auf der Erde.« Und Gott sprach: »Seht her! Ich habe euch die Samen tragenden Pflanzen auf der ganzen Erde und die Samen tragenden Früchte der Bäume als Nahrung gegeben. Allen Tieren und Vögeln aber habe ich Gras und alle anderen grünen Pflanzen als Nahrung zugewiesen.« Und so geschah es. Danach betrachtete Gott alles, was er geschaffen hatte. Und er sah, dass es sehr gut war.

Auch dieser Text lässt keine andere Interpretation zu: Die Menschheit wurde mit einer Bestimmung geschaffen. Die Menschen sind beauftragt, die geschaffene Welt in Übereinstimmung mit Gottes Willen zu bebauen und zu gestalten. Gott gibt uns etwas, was wir als »kulturelles Mandat« bezeichnen können![46] Unsere menschliche Mission besteht darin, die Erde zu ordnen, zu zivilisieren und zu regieren. Mit anderen Worten – die Menschheit ist dafür verantwortlich, einen sinnvollen Lebensraum zu gestalten, eine gute Lebensordnung oder Strategien für

46 Weitere Überlegungen zu einem kulturellen Mandat z.B. in: George W. Peters: Missionarisches Handeln und biblischer Auftrag. Eine Theologie der Mission, Bad Liebenzell, 2. Aufl. 1985, S. 187ff.

ein gelingendes Leben zu entwerfen.[47] Der US-amerikanische Missiologe George W. Peters schreibt:

> Das erste Mandat galt Adam als dem Repräsentanten der Menschheit und betrifft die ganze Weite menschlicher Kultur. [...] Es umfaßt die natürlichen und sozialen Aspekte des Menschen wie Unterkunft, Ackerbau, Industrialisierung, Handel, Politik, soziale und ethische Ordnung, akademischen und wissenschaftlichen Forstschritt, Gesundheit, Bildung und leibliche Versorgung. [...] Die Kultur soll dem Menschen nützen und Gott ehren.[48]

Mit anderen Worten: Dies ist ein politisches Mandat! Die Menschheit ist dazu berufen, die Welt zu regieren. Hier muss jede menschliche Reflexion über Gottes Mission in der Welt ansetzen.[49] Seine Mission ist von Natur aus politisch. Die Menschen sollen die Welt mit ihm gemeinsam regieren. »Regierung besteht in der Regulierung öffentlicher Angelegenheiten, und Politik ist das Mittel, mit dem die Bevölkerung festlegt, wessen Vorstellung von Regierung zum Tragen kommt.«[50] Der Begriff »Politik« leitet sich von dem griechischen Wort *»politikos«* ab und beschreibt, wie man sich in Beziehung zu einem bestimmten sozio-kulturellen Lebensraum verhält.[51] John Stott definiert Politik als »die Kunst, in einer Gemeinschaft zusammenzuleben«[52], Willem A. Saayman fasst Politik auf als »Praxis und Kunst der Verwaltung menschlichen Zusammenlebens unter Einbeziehung sämtlicher Aspekte des Lebens«.[53]

Wir stellen also fest: Gottes erster Auftrag an die Menschheit ist von politischer Natur. Dieses Mandat wurde den Menschen nie entzogen, nicht einmal nach dem Sündenfall des Menschen im Garten Eden. Nie-

47 Vgl. die Definition von »Kultur« in: Lothar Käser: Fremde Kulturen. Eine Einführung in die Ethnologie, Bad Liebenzell 1997, S. 37.
48 Peters, Missionarisches Handeln und biblischer Auftrag, S. 187-188.
49 Köstenberger/O'Brien, Salvation to the ends of the earth, S. 25.
50 https://www.tkc.edu/whatispolitics (23.08.2017, nicht mehr verfügbar).
51 Vgl. Henry George Liddell; Robert Scott: »πολιτικός«, in: A Greek-English Lexicon, online in der Perseus Digital Library.
52 Stott, New Issues Facing Christians Today, S. 14.
53 Saayman, Christian mission, S. 5.

mand kann sich seiner politischen Verantwortung entziehen. Menschliches Leben auf der Erde ist politisch, denn Gott hat der Menschheit die Ehre verliehen, die Welt zu regieren, die er geschaffen hat.

3.2 Gesegnet, um ein Segen für die Völker zu sein

Gott beabsichtigte, seine Herrschaft auf der Erde durch die Berufung der Menschheit als die Verwalter der gesamten Schöpfung zu verwirklichen. Dieser Plan endete in einer Katastrophe. Anstatt Gottes Anweisungen zu befolgen, entschieden sich die ersten Menschen für den Ungehorsam und ermöglichten es der Sünde, Macht über die Schöpfung zu erhalten. Bald war die Erde erfüllt von Ungerechtigkeit (1Mo 3–6). Wir kennen die Menschheitsgeschichte, wie die Bibel sie schildert. Aber wir wissen auch um Gottes umfassenden Plan, die Menschheit vor der Selbstvernichtung zu retten.

Sein Plan zur Rettung der Welt beginnt mit seinem Bund mit Noah (1Mo 9,8-11). Dieser Bund erneuert das Kulturmandat für Noah, seine Söhne und deren Nachkommen. Später beruft Gott Abraham, sein Volk zu verlassen, damit aus ihm ein neues Volk unter allen anderen Völkern hervorgehe. Gott segnet ihn und macht ihn zum Segen für alle Erdenvölker (1Mo 12,3). Lesslie Newbigin ist zuzustimmen, wenn er schreibt: »Die zu Trägern des Segens Erwählten sind um aller Menschen willen erwählt. Der Bund mit Noah wird zurückgenommen. Der verheißene Segen gilt letztlich allen Völkern.«[54]

Das von Gott gegründete Volk Israel wird zum Kampfplatz für Gottes Vorstellung einer Nation, die seinem Herzen entspricht. Die Geschichte dieses erwählten Volkes durchzieht das Alte Testament. Es ist eine Geschichte von Sünde und Versagen, Rettung und Vergebung. Sie beschreibt die stets gefährdete und immer wieder erneuerte Beziehung zwischen Gott und seinem Volk, denn dieses Volk ist berufen, ein Segen für alle Völker zu sein. Waldron Scott betont zu Recht die

54 Lesslie Newbigin: The Open Secret, Grand Rapids 1978, S. 34; vgl. Waldron Scott: Bring Forth Justice, Grand Rapids 1980, S. 47.

Tatsache, dass »Gottes gnädige Bestimmung für die gesamte Menschheit das gesamte Alte Testament durchdringt«.[55] David sieht es voraus: »Die ganze Erde wird den HERRN anerkennen und zu ihm zurückkehren. Die Menschen aller Völker werden sich vor ihm verneigen« (Ps 22,28). Die Propheten Jesaja (25,6-7), Joel (3,28) und Hesekiel (38,23) erwarten eindeutig, dass die Völker sich eines Tages zur Erkenntnis des Herrn bekehren und ihn allein anbeten werden. Gott segnet Israel, damit die Völker durch es gesegnet werden, sodass sie den Herrn erkennen und ihn in Wahrheit anbeten werden.

Gott hat Israel zu seinem Hauptzeugen erwählt, daher ist ihm Israels angemessener Gottesdienst ein zentrales Anliegen. Dieser Gottesdienst ist von sozialen Aspekten durchdrungen. Auf der Höhe ihrer religiösen Entwicklung waren die Israeliten mehr als überrascht, als der Prophet Jesaja ihnen verkündigte, dass Gottes Weigerung, sie zu segnen, auf ihre unrechte Haltung den Schwachen und Bedürftigen gegenüber zurückzuführen sei. In Jes 58,1-14 lesen wir:

> Verkünde es aus voller Kehle, laut wie Trompetenklang, halt dich nicht zurück! Verkünde meinem Volk seine bösen Taten und halte Jakob seine Sünden vor. Sie befragen mich täglich und wollen meine Wege kennenlernen. Man könnte es beinahe für ein gerechtes Volk halten, das die Wege seines Gottes nicht verlässt. Sie bitten mich um Entscheidungen im Rechtsstreit und wünschen sich, dass Gott sich naht. Sie fragen: »Wozu fasten wir, wenn du es nicht siehst? Weshalb quälen wir uns, wenn du uns keine Beachtung schenkst?« Begreift doch: Während ihr fastet, geht ihr euren Geschäften nach und übt Druck auf alle eure Arbeiter aus. Während ihr fastet, zankt und streitet ihr und schlagt mit gottloser Faust zu. Ihr fastet zurzeit nicht so, dass ihr eurer Stimme damit im Himmel Gehör verschaffen könntet. Soll das ein Fasten sein, wie ich es liebe? Und soll das bei mir als der Tag gelten, an dem sich ein Mensch selbst erniedrigt? Ihr senkt den Kopf wie ein Grashalm. Dazu kleidet ihr euch in Sack und Asche. Nennt ihr das Fasten? Glaubt ihr, dass so ein Tag dem HERRN angenehm sein könnte?

55 Scott, Bring Forth Justice, S. 47.

Fasten, wie ich es liebe, sieht doch vielmehr so aus: Lasst die zu Unrecht Gefangenen frei und gebt die los, die ihr unterjocht habt. Lasst die Unterdrückten frei. Zerbrecht jedes Joch. Ich möchte, dass ihr euer Essen mit den Hungrigen teilt und heimatlose Menschen gastfreundlich aufnehmt. Wenn ihr einen Nackten seht, dann kleidet ihn ein. Verleugnet euer eigenes Fleisch und Blut nicht. Wenn du so handelst, wird dein Licht aufleuchten wie die Morgenröte. Deine Heilung wird schnelle Fortschritte machen. Deine Gerechtigkeit geht dir dann voraus und die Herrlichkeit des HERRN folgt dir nach. Dann wirst du rufen und der HERR wird antworten. Du wirst um Hilfe schreien und er wird antworten: ›Hier bin ich.‹ Entferne die Unterdrückung aus deiner Mitte. Lass die höhnischen Fingerzeichen und das trügerische Reden! Öffne dem Hungrigen dein Herz und hilf dem, der in Not ist. Dann wird dein Licht in der Dunkelheit aufleuchten und das, was dein Leben dunkel macht, wird hell wie der Mittag sein. Dann wird dich der HERR beständig leiten und dir selbst in Dürrezeiten innere Zufriedenheit bewahren. Er wird deinen Körper erfrischen, sodass du einem soeben bewässerten Garten gleichst und bist wie eine nie versiegende Quelle. Deine Leute werden die Ruinen aus alter Zeit wieder aufbauen. Die Grundmauern vieler vergangener Generationen werdet ihr wieder errichten. Dann wird man euch folgendermaßen nennen: ›Die die Risse ausbessern und die Straßen erneuern, um sie bewohnbar zu machen.‹ Tut an meinem heiligen Tag, dem Sabbat, nicht, was ihr wollt, sondern erlebt ihn als Wonne und ehrt den heiligen Tag des HERRN. Ehrt ihn, verfolgt nicht eure eigenen Interessen, geht nicht euren Geschäften nach und spart euch leeres Geschwätz. Dann wird der HERR eure Freude sein. Ich lasse euch über die Höhen der Erde gehen und euch das Erbe Jakobs, eures Vorfahren, genießen. Ich, der HERR, habe gesprochen!

Eine Gott gemäße Lebensweise verknüpft ausdrücklich rechten Gottesdienst und rechtes Verhalten. Gott sagt über Abraham: »Ich habe ihn auserwählt, damit er seine Nachkommen lehrt, nach meinem Willen zu leben und zu tun, was richtig und gerecht ist. Dann werde ich alle meine Versprechen einlösen, die ich ihm gegeben habe« (1Mo 18,19). Nicht nur die religiösen Handlungen sollen die Kultur von Gottes erwähltem Volk prägen, sondern Recht und Gerechtigkeit. Diese beiden Begriffe werden oft gemeinsam gebraucht, um das zu beschreiben, was wir heute soziale Gerechtigkeit nennen.[56] Gott beruft sein Volk dazu, ein Segen für die Völker zu sein. Dieser Segen wird von einer gerechten Gesellschaftsordnung abhängen! Wo Gott regiert, wird »Recht fließen [...] wie Wasser und Gerechtigkeit wie ein Fluss, der niemals austrocknet« (Amos 5,24). Tatsächlich spiegelt soziale Gerechtigkeit Gottes ureigenstes Wesen wider: »Er liebt Gerechtigkeit und Recht« (Ps 33,5; vgl. Ps 37,28). Er, der »mächtige König, der Gerechtigkeit liebt« (Ps 99,4), zieht Gerechtigkeit und Recht den rituellen Opfern vor (Spr 21,3).

Abraham ist beauftragt, dafür zu sorgen, dass seine Nachkommen die Wege Gottes bewahren, indem sie Recht und Gerechtigkeit üben. Ein Leben nach Gottes Geboten heißt, soziale Gerechtigkeit zu praktizieren. Daran wird Israel durch seine gesamte Geschichte hindurch immer wieder erinnert. Gott befreit sein Volk aus der Sklaverei in Ägypten und schärft ihnen dann ein: »Unterdrückt auch keine Waisen und Witwen. Wenn ihr es doch tut und sie zu mir schreien, werde ich ihren Hilferuf erhören« (2Mo 22,21-23). Kurz vor dem Einzug ins Gelobte Land mahnt Mose: »Bemüht euch unermüdlich um Gerechtigkeit, damit ihr am Leben bleibt, und das Land, das der HERR, euer Gott, euch gibt, in Besitz nehmen könnt« (5Mo 16,20). Die Könige Israels werden später dafür gelobt, dass sie gerecht handelten, wie z.B. David »im ganzen Volk für Recht und Gerechtigkeit« sorgte (2Sam 8,15). Sein Sohn Salomo war für seine Weisheit berühmt, »denn sie sahen, dass Gott Salomo Weisheit gegeben hatte, um gerechte Urteile zu fällen« (1Kö 3,28). Wieder und wieder werden die Kinder Israels ermahnt: »Schafft Recht, weist Übeltäter zur Ordnung. Verhelft den Waisen zu ihrem Recht. Tretet für die Witwen ein« (Jes 1,17). In der Welt Gottes kann es keine Ungerechtigkeit geben. Der Prophet Jesaja entwirft ein faszinierendes Bild einer Zukunft unter Gottes Herrschaft. In Jesaja 16,4-5 sagt er:

56 Vgl. die Diskussion in Scott, Bring Forth Justice, S. 49.

> Wenn Unterdrückung und Gewalt vorüber sind und die feindlichen Horden aus dem Land verschwunden sind, dann wird durch Gnade ein Thron auf festem Grund errichtet werden. Von diesem Thron aus wird ein König im Haus Davids herrschen, der gerecht entscheidet, das Recht sucht und die Gerechtigkeit fördert.

Diese Herrschaft der Gerechten wird nicht nur für Israel gelten. Der Prophet fährt fort:

> Hör mir zu, mein Volk. Höre mich, meine Gemeinde, denn von mir wird die Weisung ausgehen und ich werde mein Recht als ein Licht für die Heiden aufrichten: Mein Heil ist nahe und meine Rettung schon unterwegs. Meine Kraft wird die Völker richten. Die Küstenländer werden auf mich hoffen und sich nach meiner Herrschaft sehnen. (Jes 51,4-5)

Wir fassen also zusammen: Gott ist ein Gott der sozialen Gerechtigkeit. Wo er regiert, haben Ungerechtigkeit und Unterdrückung keinen Raum. Jeder, den er beruft und segnet, um seine Mission auszuführen, wird an der sozialen Gerechtigkeit beteiligt sein. Er wird sich also auf politischer Ebene für eine bessere Welt einsetzen.

3.3 Gott rettet und erneuert

Das Alte Testament erzählt die Geschichte eines Volkes inmitten anderer Völker, das von Menschen regiert wird, die zu einem Leben in Recht und Gerechtigkeit nach dem Willen Gottes berufen sind. Die Erzählung folgt dem Volk Gottes durch alle Höhen und Tiefen. Seine Leute sündigen, werden ungehorsam und handeln ungerecht, bis der gerechte Gott sich veranlasst sieht, sie zur Rechenschaft zu ziehen. Gott ist und bleibt der souveräne Herrscher, der seinen Gerechtigkeitssinn nie preisgibt und dennoch sein zeitweise starrsinniges Volk rettet und erneuert. Zwei wichtige Erzählstränge bilden die Grundzüge seiner Herrschaft ab: Die Exoduserzählung steht für den Aspekt der Rettung, das Gebot des Erlassjahrs repräsentiert die beständige Erneuerung.

In der Exoduserzählung rettet Gott die Israeliten aus der Sklaverei in Ägypten – eine in jeder Hinsicht politische Handlung. Israel wird in Ägypten gefangen gehalten, hart unterdrückt und zu schwerer Arbeit gezwungen. Gott hört seinen Hilfeschrei und beruft Mose als Anführer seiner Befreiung. Dabei wird Israel nicht nur *aus* der Gefangenschaft gerettet, sondern auch *zu* einer Aufgabe befreit: Israel wird aus seinem Sklavendasein gerettet, um ein erwählter Diener Gottes zu werden. Gott spricht zu Mose:

> Richte den Nachkommen Jakobs, den Israeliten, Folgendes aus: »Ihr habt gesehen, was ich den Ägyptern angetan habe. Ich habe euch sicher hierher zu mir gebracht, so wie ein Adler seine Jungen auf seinen Flügeln trägt. Wenn ihr mir nun gehorcht und den Bund haltet, den ich mit euch schließen werde, sollt ihr vor allen anderen Völkern der Erde mein besonderes Eigentum sein, denn die ganze Erde gehört mir. Ihr sollt mir ein Königreich von Priestern, ein heiliges Volk sein.« (2Mo 19,3-6)

Israel wird also dazu berufen, als Gottes Volk der Welt eine alternative Kultur und einen alternativen Lebensstil vorzuleben. Es soll eine gerechte Nation sein, die Gott den Schöpfer aller Dinge ehrt. Der Prophet Jesaja hält Israels religiösem Bemühen Gottes Wort entgegen: »Fasten, wie ich es liebe, sieht doch vielmehr so aus: Lasst die zu Unrecht Gefangenen frei und gebt die los, die ihr unterjocht habt. Lasst die Unterdrückten frei. Zerbrecht jedes Joch« (Jes 58,6). Gott hat die Ketten von Israels Gefangenschaft zerbrochen, um der Welt ein Volk vor Augen zu stellen, das unter einer anderen sozialen Verfassung, nach einem andersartigen politischen System lebt.

Eindrücklich findet sich diese alternative Kultur von Recht und Gerechtigkeit in der Institution des sogenannten Jobeljahres bzw. Erlassjahres verwirklicht. In 3. Mose 25 gibt Gott Mose folgendes Gebot:

> Gib den Israeliten folgende Anweisungen: »Wenn ihr in das Land kommt, das ich euch gebe, soll auch das Land selbst einen Sabbat für den Herrn einhalten. Sechs Jahre lang dürft ihr eure Felder bestellen, eure Weinberge beschneiden und eure Ernte einbringen.

> Im siebten Jahr aber soll das Land ein Sabbatjahr - eine Ruhezeit für den HERRN - haben. Während dieses Jahres sollt ihr nichts aussäen und eure Weinberge nicht beschneiden. Bringt keine Ernte von dem ein, was von selbst wächst, und lest auch keine Trauben, die an euren unbeschnittenen Weinstöcken wachsen. Das Land soll ein Jahr Ruhezeit haben. Was während des Sabbatjahres von selbst in eurem Land wächst, soll euch, euren Sklaven und Sklavinnen, euren Tagelöhnern und allen Ausländern, die bei euch leben, zur Nahrung dienen. Auch euer Vieh und die wilden Tiere, die in eurem Land leben, sollen sich davon ernähren. Sodann sollt ihr sieben Sabbatjahre abzählen, sieben mal sieben Jahre, also zusammen 49 Jahre. Am zehnten Tag des siebten Monats, am Versöhnungstag, sollt ihr im ganzen Land die Posaunen blasen lassen. Dieses 50. Jahr soll für euch heilig sein und ihr sollt im ganzen Land Befreiung für alle seine Bewohner ausrufen. Es soll ein Erlassjahr für euch sein, in dem jeder von euch wieder seinen ererbten Landbesitz erhält und jeder wieder zu seiner Familie zurückkehren kann. Ja, das 50. Jahr soll ein Erlassjahr für euch sein. In diesem Jahr dürft ihr nichts aussäen. Holt keine Ernte ein von dem, was von selbst wächst, und lest nicht die Trauben, die auf euren unbeschnittenen Weinbergen wachsen. Denn es ist ein Erlassjahr und ihr sollt es als eine heilige Zeit begehen. Ihr sollt euch von dem ernähren, was von selbst auf dem Feld wächst. In einem Erlassjahr soll jeder seinen ererbten Landbesitz zurückbekommen.« (3Mo 25,2-13)

Das Erlassjahr sollte die israelitische Wirtschaft und Gesellschaft regulieren, indem es immer wieder für sozialen Ausgleich sorgte. In jedem fünfzigsten Jahr musste jedes Stück Land seinem ursprünglichen Besitzer zurückgegeben werden, ohne dass dafür eine ausgleichende Vergütung verlangt wurde, denn der eigentliche Besitzer des Landes war Gott, der Herr, die menschlichen Besitzer nur dessen Verwalter. Die israelitische Gesellschaft war darauf angelegt, alle 50 Jahre eine vollkomme Erneuerung zu durchlaufen. Dieser grundlegende Teil von Gottes Bund mit seinem erwählten Volk sorgte dafür, dass jede Fortschreibung einer ungerechten Verteilung von Reichtum und Macht im

Volk durchbrochen wurde. Diese Umsetzung einer gerechten Ordnung ist, wie Jose Miguez Bonino zu Recht betont, »nicht eine rein zwischenmenschliche oder soziale Tugend. Es ist die Essenz des Bundes mit dem Herrn, der Gerechtigkeit schafft«.[57]

Vor diesem Hintergrund verkündet der Prophet Jesaja das Wort des Herrn: »Denn von mir wird die Weisung ausgehen und ich werde mein Recht als Licht für die Heiden aufrichten« (Jes 51,4). Israel als die erwählte und gehorsame Nation wird mit ihrem authentischen Lebensstil ein Ort, an dem Gott sichtbar wird und seine Herrlichkeit offenbar, sodass die Völker nach Zion kommen, um ihn anzubeten (Jes 66,19). Ein recht geführter Staat wird zu einem Zeugen für Gottes Ehre und zieht die Aufmerksamkeit der Welt auf sich – ein hochpolitisches Geschehen!

Wir fassen zusammen: Zu Gottes Bund mit seinem Volk gehört eine gerechte Lebensführung. Dies ist sogar das eigentliche Ziel seines Handelns an Israel: Er rettet sein Volk, damit es zu einer exemplarischen Nation unter seiner Herrschaft wird, ein Zeuge seiner Herrlichkeit vor den Nationen. Die zentripetale Mission Israels ist hochpolitisch. Der US-amerikanische Theologe George Eldon Ladd fasst es so zusammen: »Das Alte Testament vertritt an keiner Stelle eine Hoffnung auf eine körperlose, immaterielle, rein ›geistliche‹ Erlösung …«[58] Vielmehr verwirklichen sich Rettung und Wiederherstellung grundsätzlich im Alltagsleben einer Nation.

3.4 Gottes Mission gilt allen Völkern

Der Gott der Gerechtigkeit hat die ganze Welt im Blick. Seine Fürsorge umfasst alle Völker und jedes einzelne Geschöpf. Menschen werden gesegnet, um ganze Völker zu segnen. Eine Nation wird erwählt, um Gottes Herrlichkeit inmitten der Völkerwelt aufstrahlen zu lassen. Gottes Mission ist universell und strebt danach, seine Herrschaft unter allen Völkern aufzurichten. Die Nationen werden von dem Vorbild Israels angezogen werden. Seine Sozialordnung und seine Kultur werden

57 Jose Miguez Bonino: Christians and Marxists, Grand Rapids 1976, S. 35.
58 George Eldon Ladd: Jesus and the Kingdom, New York 1964, S. 72.

zum entscheidenden Zeichen dafür, dass Jahwe der Gott Israels ist. In Jesaja 2,2-3 lesen wir:

> In den letzten Tagen wird der Berg, auf dem das Haus des HERRN steht, zum wichtigsten Gipfel werden und sich über alle anderen Berge erheben. Alle Völker werden zu ihm strömen. Scharenweise werden sie herbeikommen und sagen: »Kommt, wir wollen auf den Berg des HERRN, zum Haus des Gottes Israels, gehen. Dort wird er uns seine Wege lehren, damit wir auf seinen Pfaden gehen.«

Der Prophet Sacharja hat eine ähnliche Vision. Er schreibt:

> Menschen aus großen und mächtigen Völkern kommen nach Jerusalem, um den HERRN, den Allmächtigen zu suchen und den HERRN gnädig zu stimmen. So spricht der HERR, der Allmächtige: »In jenen Tagen werden zehn Männer aus Völkern mit lauter verschiedenen Sprachen einen Mann aus Juda am Rockzipfel festhalten und bitten: ›Wir wollen mit euch gehen, denn wir haben gehört, dass Gott bei euch ist.‹« (Sach 8,22-23)

Gottes Herrlichkeit verwirklicht sich in Israels Gesellschaft und Kultur. Ist das politisch? Was sonst? Das Modell, das zum Anziehungspunkt für die Völker wird, findet konkrete Umsetzung im Alltagsleben. Dies ist in jeder Hinsicht politisch.

Wir sehen: Gottes weltweite Mission erstreckt sich auf alle Völker. Sie sucht das Leben aller Nationen zu transformieren und hat daher deutlich politische Implikationen.

3.5 Der Messias Israels

Es stellt sich jedoch heraus, dass Israel weit hinter der göttlichen Berufung zurückbleibt. Anstatt ein Anziehungspunkt für die Völker zu werden, bedarf die erwählte Nation selbst der Befreiung. Israel braucht einen Messias, und Gott verheißt, seinen erwählten Knecht zu senden, um das Volk zu retten, und mit dem Volk die ganze Welt. Ist seine

Mission politisch? Der Prophet Jesaja erhielt ein Wort Gottes, das den kommenden Messias folgendermaßen vorstellt:

> Der Geist Gottes, des Herrn, ruht auf mir, denn der Herr hat mich gesalbt, um den Armen eine gute Botschaft zu verkünden. Er hat mich gesandt, um die zu heilen, die ein gebrochenes Herz haben, und zu verkündigen, dass die Gefangenen freigelassen und die Gefesselten befreit werden. Er hat mich gesandt, um ein Gnadenjahr des Herrn und einen Tag der Rache unseres Gottes auszurufen und alle Trauernden zu trösten. Er hat mich gesandt, um es den Trauernden zu ermöglichen, dass ihnen ein Kopfschmuck anstelle von Asche, Freudenöl anstelle von Trauerkleidern und Lobgesang anstelle eines betrübten Geistes gegeben werde; und dass man sie »Eichen der Gerechtigkeit« und »Pflanzung zur Verherrlichung des Herrn« nennen kann. Dann werden sie die uralten Ruinen wieder herstellen, und was seit Langem verwüstet war, wieder aufrichten. Sie werden sowohl die vom Krieg zerstörten Städte wieder aufbauen als auch die Trümmer vergangener Generationen. Fremde werden euch dienen: Sie werden eure Herden versorgen, eure Felder pflügen und eure Weingärten bestellen. Ihr werdet Priester des Herrn heißen, »Diener unseres Gottes« wird man zu euch sagen. Ihr werdet euch von den Reichtümern der Völker ernähren und euch mit ihrer Herrlichkeit schmücken. Statt doppelte Scham und Schande tragen zu müssen, werdet ihr über euer Teil jubeln, denn den doppelten Anteil eures Landes werdet ihr erben und euch wird ewige Freude zuteil. Denn ich, der Herr, liebe die Gerechtigkeit. Ich hasse den auf krummen Wegen erschlichenen Raub. Ich belohne mein Volk in Treue und werde einen ewigen Bund mit ihm schließen. Ihre Nachkommen sollen unter den Nationen berühmt sein und ihre Kinder unter den Völkern. Jeder, der sie sieht, soll anerkennen müssen, dass sie ein vom Herrn gesegnetes Volk sind. (Jes 61,1-9)

Der hier verheißene Messias ist eine eschatologische Figur, die Israel im Geist des Erlassjahres erneuern wird, und das Erlassjahr ist, wie wir gesehen haben, ein hochpolitisches Geschehen.

Wir sehen also: Israels Messias wird laut seiner Verheißung das Volk Israel im Geiste des Erlassjahres erneuern. Diese Erneuerung umfasst alle Lebensbereiche und ist offensichtlich ein politisches Geschehen.

3.6 Gottes Mission und Politik im Alten Testament

Die biblische Erzählung von Gottes Mission im Alten Testament macht deutlich: Gottes Handeln in der Welt hat zum Ziel, Leben auf der Erde zu schaffen und zu erhalten. Wo Leben bedroht wird, greift Gott ein, um Menschen zum Leben zu befreien. So ist es angemessen, Mission zu definieren als das »Bestreben, Gottes befreiende Gegenwart in jeder Situation des Menschseins zu verwirklichen«.[59] An Gottes Mission teilzuhaben bedeutet also »an Gottes Befreiungshandeln in der Welt teilzuhaben«.[60]

Gott schafft Leben und befreit Leben immer mit dem Ziel, seinen Plan zu verwirklichen und seine Herrschaft aufzurichten. Die Lebensbedingungen in seinem Reich sind im Prinzip des Erlassjahres klar vorgezeichnet. Gottes Mission besteht daher in einer Befreiung des Menschen *im Sinne des Erlassjahres.*[61] Gerechtigkeit gilt also in allen Aspekten des Lebens, auch im Bereich der Wirtschaft und der Ökologie.

Die politische Dimension von Gottes Mission im Alten Testament zu leugnen und sie auf eine rein spirituelle Ebene zu reduzieren, ist eine Sünde. »Es ist die Sünde der Gleichgültigkeit und Trägheit, die sich abwendet, Entscheidungen ausweicht und keine Verantwortung für den Nächsten übernimmt. Sie vermeidet den Konflikt, indem sie behauptet, das Problem ginge sie nichts an.«[62]

59 J.N.J. Kritzinger: Black theology – challenge to mission. Unveröffentlichte Dissertation, Pretoria 1988, S. 6.
60 Saayman, Christian mission, S. 7.
61 Ebd.
62 Albert Nolan: God in South Africa. The Challenge of the Gospel, Cape Town 1988, S. 41, zitiert in Saayman, Christian mission, S. 13

4 Mission im Neuen Testament

4.1 Der Gott des Neuen Testaments

Wir haben das alttestamentliche Konzept von Mission und seinen Bezug zur Politik herausgearbeitet. Die Kirche Christi gewinnt ihre Standpunkte zu biblischen Themen jedoch aus dem Neuen Testament. Sie schließt das Alte Testament nicht aus, sucht aber eine spezifisch neutestamentliche Perspektive auf Fragen der Lebensführung und der Mission. Daher ist es angebracht, auch das Neue Testament im Hinblick auf seine Lehre zu Mission im Allgemeinen und der Mission der Kirche im Besonderen zu befragen. Wir beginnen an derselben Stelle, von der aus wir unsere kurze Reise durch das Alte Testament begannen – bei Gott selbst. Auch im Neuen Testament ist er es, der Mission initiiert, jedoch wird er uns hier als der Dreieine Gott vorgestellt – Vater, Sohn und Heiliger Geist. Wer Mission angemessen verstehen will, muss daher zunächst auf das Wesen des dreieinen Gottes eingehen und diese Theologie zum Alten Testament in Beziehung setzen.

Was lehrt uns das Neue Testament über Gott? Jesus stellt uns Gott als den Vater vor, er selbst begreift sich als Gottes Sohn. Als er die Erde verlässt, verspricht er, den Geist zu senden, den Herrn der Mission (2Kor 3,17). Mission im Neuen Testament zu beschreiben heißt also, Gott in seiner trinitarischen Natur zu erfassen.[63] Mission ist ein zentraler Bestandteil neutestamentlicher Theologie[64] und insofern von ihrer Natur her trinitarisch. Der deutsche Theologe Ferdinand Hahn spricht von der »implizit trinitarischen Struktur des neutestamentlichen Zeugnisses«.[65] Gottes Mission in der Welt vollzieht sich im Namen des

63 N. T. Wright: Bringing the Church to the World, Minneapolis 1992, S. 201.
64 Vgl. u.a.: I. Howard Marshall: New Testament Theology. Downers Grove 2004, S. 36; Christopher Wright: The Mission of God, S. 50.
65 Ferdinand Hahn: Theologie des Neuen Testaments, Band 2. Tübingen 2002, S. 290.

Vaters, des Sohnes und des Heiligen Geistes, wie Jesus es in seinem Missionsbefehl in Matthäus 28,19-20 andeutet.[66]

Wie lässt sich nun die Trinität verstehen? Begreifen wir sie als Beziehungsgeschehen, wie es Augustinus vorschlug? Sein Konzept der *persona est relatio* – Personsein heißt, in Beziehung zu sein – wird noch heute trotz ihrer grundlegenden Problematiken weithin vertreten.[67] Ich schlage jedoch vor, die drei Personen der Trinität als Subjekte zu verstehen.[68] Ein Subjekt ist sowohl aus sich selbst heraus als auch in seiner Beziehung zu anderen bestimmt. Jürgen Moltmann weist in seinen Ausführungen nach, dass dieses Konzept die in der augustinischen Vorstellung angelegten Reduktionen überwinden kann.[69] Jede Person der Trinität wird hier in ihrer Eigenheit sowie in ihrer Beziehung zu den jeweils anderen gesehen.

Der Kirchenvater Johannes von Damaskus (675–749)[70] entwarf die Vorstellung einer Trinität als *perichōrēsis* (griechisch für »Rundtanz«), als einen ewigen Kreislauf.[71] Ihm zufolge lebt jede Person der Trinität in den beiden anderen, ohne dabei ihre eigene Identität zu verlieren. Miroslav Volf bezeichnet einen solchen Entwurf als »reziproke Interiorität«.[72] Diese Vorstellung ist vor allem in den johanneischen Schriften zu finden. Johannes spricht vom Vater im Sohn und vom Sohn im Vater (Joh 17,21). Göttliche Einheit besteht in einem Akt der Interiorität.

Der russisch-orthodoxe Ikonenmaler Andrei Rubljow (um 1360–1430) hat diese Wirklichkeit auf einzigartige Weise zum Ausdruck gebracht. Seine Dreifaltigkeitsikone wurde 1425 für das berühmte Dreifaltigkeitskloster von Sergijew Possad in der Nähe von Moskau

66 Mehr zur Bedeutung der Taufformel in Bezug auf Trinität und Mission in: Miroslav Volf: After Our Likeness. The Church as the Image of the Trinity, Grand Rapids 1998, S. 195.

67 Vgl. zu dieser Diskussion: Volf, After His Likeness, S. 204; Johannes Reimer: Die Welt umarmen, Marburg 2009, S. 152-153.

68 Ebd., S. 205.

69 Jürgen Moltmann: »Einführung: Einige Fragen der Trinitätslehre heute«, in: In der Geschichte des dreieinigen Gottes. Beiträge zur trinitarischen Theologie, München 1991, S. 11-21; ders.: »Die einladende Einheit des dreieinigen Gottes«, in: ebd., S. 117-128.

70 Zu Johannes von Damaskus vgl.: BBKL: http://www.bautz.de/bbkl/j/Johannes_v_dam.shtml, (09.03.2021).

71 George Gladis: Leading the Team-Based Church, San Francisco 1999, S. 4ff.

72 Volf, After His Likeness, S. 209.

geschaffen und stellt in jeder Hinsicht einen Höhepunkt der theologischen Reflexion dieses Themas dar.[73] Die Ikone zeigt die drei Personen der Gottheit, wie sie um einen Tisch herum sitzen, auf dem ein Kelch steht. Sie scheinen sich über dieses Thema zu unterhalten. Alle drei sind gleichwertig dargestellt, es ist keine Hierarchie erkennbar. Stattdessen sind sie eingebunden in eine jeweils aufeinander bezogene Bewegung rund um den Tisch des Herrn, die Eucharistie.

Andrei Rubljows Theologie und Spiritualität wurde im Dreifaltigkeitskloster geprägt.[74] Um 1350 vom Heiligen Sergius von Radonesch (1313/14 oder 1321/22–1392)[75] gegründet, entwickelte sich das Kloster bald zu einem Zentrum russisch-orthodoxer Frömmigkeit.[76] Sergius gestaltete seinen geistlichen Weg nach dem Vorbild des Hesychasten[77] Gregorios Palamas (1296–1359), der als Mönch auf dem Berg Athos in Griechenland und Erzbischof von Thessaloniki nach innerer Einkehr und einem Leben in Frieden und Gehorsam gegenüber Gott strebte.[78] In dessen Auffassung der Trinität fand Sergius, was er suchte. Kurz nach seinem Tod verfasste einer seiner Schüler, der Moskauer Epiphanius der Weise, in den Jahren 1417–1418 eine Biografie seines Lehrers.[79] Sergius' Theologie war zutiefst trinitarisch. Epiphanius berichtet sogar, dass das Dreieinigkeitskloster vornehmlich gegründet wurde für die

---

73 Die Ikone wird heute in der Tretjakow-Galerie in Moskau ausgestellt.

74 Zum geistlichen Werdegang Rubljows vgl.: N.A. Demina: Andrei Rublev i chudozhniki yego kruga, Moskva 1972; V.A. Polunin: Mirovozreniye Andreya Rubleva, Moskva1974; M.A. Ilyin: Isskustvo moskovskoi Rusi Feofana Greka und Andreya Rubleva, Moskva 1976; Vladimir Losski: In the Image and Likeness of God, New York 1997; u.a.

75 Vgl. die Diskussion der Lebensdaten des Heiligen Sergius in: Johannes Reimer: Mission des frühen russischen Mönchtums. Unveröffentlichte Dissertation, Pretoria 1994, S. 161f.

76 Reimer, Mission des frühen russischen Mönchtums, S. 161.

77 Diese mittelalterliche Form der Spiritualität leitet ihren Namen vom griechischen Wort *hesychia* (Ruhe, Stille) ab. Um inneren Seelenfrieden, die Voraussetzung für den Empfang der göttlichen Gnade, zu erlangen, nutzte man Meditations- und Gebetstechniken wie das Jesusgebet und spezielle Atemtechniken.

78 Für weitere Informationen über Theologie und Werk des Gregorios s. John Meyendorff: A Study of Gregory Palamas, London 1964.

79 Reimer, Mission des frühen russischen Mönchtums, S. 162 u.a.

»Kontemplation der Dreieinigkeit, um die verhasste Furcht zu überwinden, die im Begehren der Welt ihren Ursprung hat«.[80]

Sergius' trinitarische Theologie ist erstaunlich missional. Er vertritt die Ansicht, dass jede Theologie die Erlösung des Individuums zum Ziel haben muss, indem es seine Erfüllung in der Erneuerung im ursprünglichen Bild Gottes findet, der verloren gegangenen *imago Dei.*[81] Gleichzeitig fasziniert ihn der Gedanke an eine mögliche *theōsis* der gesamten Menschheit.[82] So führt seiner Lehre zufolge die Erlösung des Individuums zur Liebe und zum Dienst am Nächsten, dem eigenen Volk und der Nation, selbst wenn dies bedeutet, das eigene Leben zu opfern.[83] In anderen Begriffen ausgedrückt bedeutet dies: *Kenōsis*, die völlige Hingabe, geht der *theōsis* voraus, der letzten Verwandlung in das Bild Gottes. Sergius versteht die Mission Gottes als einen kenotischen Akt, einen Akt der Hingabe,[84] der die geistliche Erleuchtung der Nation zum Ziel hat.[85] Im Zentrum von Gottes Mission für die Welt befindet sich in Sergius' Theologie die Eucharistie. Von hier empfangen alle kenotischen Handlungen ihre Bedeutung. Genau dies stellt die Ikone Rubljows dar: Der ordnet die Figuren in einer Kreisbewegung an, die der symbolischen Sprache des Dionysios Areopagita folgt. Er sah in dieser zyklischen Anordnung einen Ausdruck der Ewigkeit.[86] Die drei Personen der Gottheit bilden eine ewige Einheit, die sich um die Rettung der Welt bemüht, die sie geschaffen haben.[87]

80 Ebd., S. 164.
81 Ebd., S. 172.
82 Ebd., S. 174. Theōsis (Vergöttlichung) bezeichnet keine Gottwerdung des Menschen, sondern die Wiederherstellung des ursprünglichen Bildes Gottes im Menschen.
83 Ebd., S. 176ff.
84 Ebd., S. 205.
85 Ebd., S. 206ff.
86 Weitere Informationen zu Dionysios in: Wolfgang Müller: Dionysios Areopagites und sein Wirken bis heute, Dornach 1990.
87 Eine ausführliche Interpretation der Ikone in: Johannes Reimer: »The spirituality of Andrei Rublev's icon of the Holy Trinity«, in: Acta Theologica, Supplementum 11/2008. S. 166-180.

Abb. 1: Andrei Rubljow: Dreifaltigkeitsikone

Der dreieine Gott ist ein missionarischer Gott. Wie greifen die Autoren des Neuen Testaments diesen Gedanken auf? Wir werden einige neutestamentliche Passagen auf diese Frage hin untersuchen.

4.2 Die Mission des Vaters – die Grundlagen legen

Gott wirkt in der Welt. Warum? Was treibt sein missionarisches Herz an? Was will er erreichen? Die einfachste Antwort des Neuen Testaments lautet: Gott liebt die Welt, die er geschaffen hat, und diese Liebe treibt ihn an, zu handeln. Liebe für die Welt ist die wesentliche treibende Kraft hinter der *missio Dei*.[88] Gottes Wesen ist Liebe. Er *ist* Liebe (1Joh 4,8). Es würde seiner Natur völlig zuwiderlaufen, die Welt der zerstörerischen Macht Satans zu überlassen. Der Evangelist Johannes zitiert Jesus mit den Worten: »Denn Gott hat die Welt so sehr geliebt, dass er seinen einzigen Sohn hingab, damit jeder, der an ihn glaubt, nicht verloren geht, sondern das ewige Leben hat« (Joh 3,16).

88 Eine gute Darstellung der theologischen Aspekte von Motiven für Mission findet sich in: Walter Freytag: »Vom Sinn der Weltmission«, EMZ 1950/1, S. 1ff.

Gott, der Schöpfer der Welt, liebt seine Schöpfung so sehr, dass er sich selbst hingibt, um die Welt vor der Vernichtung zu retten. Liebe wird schon im Alten Testament als der tiefste Beweggrund für Gottes Rettungshandeln benannt. In Jesaja 63,7-9 lesen wir:

> Ich will von der Gnade, die der Herr uns erwiesen hat, erzählen und der lobenswerten Taten des Herrn gedenken. Denn in allem hat er uns nach dem Maßstab seiner Gnade behandelt. Er hat dem Haus Israel viel Gutes erwiesen, genauso, wie es seiner vollkommenen Barmherzigkeit und seinem großen Erbarmen entspricht. Er sagte: »Sie sind ja mein Volk, meine echten Kinder.« Und er wurde ihr Retter: In all ihren Bedrängnissen fühlte er sich selbst bedrängt. Und der Engel, in dem sich Gottes Angesicht zeigt, rettete sie. Er selbst erlöste sie, weil er sie liebte und Mitleid mit ihnen hatte. Er hob sie auf und trug sie seit Urzeiten unablässig.

Gott rettet, denn er liebt und ist barmherzig! Dies sind die wichtigsten Gründe für sein Handeln in der Welt. Dabei beruht seine Liebe auf einer Entscheidung, die er schon lange vor der Erschaffung der Welt getroffen hatte. Der Apostel Paulus schreibt in Epheser 1,3-6:

> Wir loben Gott, den Vater von Jesus Christus, unserem Herrn, der uns durch Christus mit dem geistlichen Segen in der himmlischen Welt reich beschenkt hat. Aus Liebe hat Gott uns schon vor Erschaffung der Welt in Christus dazu bestimmt, vor ihm heilig zu sein und befreit von Schuld. Von Anfang an war es sein unveränderlicher Plan, uns durch Jesus Christus als seine Kinder aufzunehmen, und an diesem Beschluss hatte er viel Freude. Deshalb loben wir Gott für die herrliche Gnade, mit der er uns durch den geliebten Sohn so reich beschenkt hat.

Gott hat sich dafür entschieden, die Welt zu lieben, lange bevor er sie erschuf. Er ist ein liebender Vater! Gottes Mission ist in seiner Liebe zur Welt verankert. Wer sich Gottes Mission anschließt, tritt in einen lebendigen Strom der Liebe ein, der zur Welt hin fließt. Gott zu lieben wird immer dazu führen, den Nächsten zu lieben. Diese beiden Aspekte sind untrennbar miteinander verbunden (Mk 12,28-34 par).[89] Die Welt zum Guten zu verändern setzt Liebe zur Welt voraus. Nur wer liebt, ist bereit sein eigenes Leben für die Geliebten hinzugeben. Gott liebt die Welt, und aus diesem Grund gibt er sich selbst im Sohn für die Rettung der Welt hin.

Liebe ist das Fundament aller göttlichen Mission. David J. Bosch merkt an, dass die ersten Christen sich von der Liebe in Bewegung setzen ließen und dass Johannes 3,16 als Grundtext ihrer Mission verstanden werden kann.[90] Seinen Nächsten zu lieben, war für Jesus und seine Jünger alltägliche Praxis. Der deutsche Theologe Ulrich Wilckens schließt aus seinen umfassenden Untersuchungen der Predigten Jesu in den Evangelien:

> Alle Sprüche dieser Reihe legen das Gebot der Nächstenliebe in Lev 19,18 im Blick auf seine Erfüllung in der Lebenspraxis im Licht der Gottesherrschaft aus.[91]

Gott liebt die Welt und er begibt sich mitten hinein, um seine liebende und gerechte Herrschaft aufzurichten. Er schuf die Welt und er weiß, was das Beste für sie ist und was eine Welt verlieren würde, die unabhängig von ihm ihren Weg ginge. *Missio Dei* zielt darauf ab, Gottes Königreich in dieser Welt zu verwirklichen. So beginnt auch Jesus sein öffentliches Wirken mit den Worten: »Hört auf zu sündigen und kehrt um zu Gott, denn das Himmelreich ist nahe« (Mt 4,17). Die Herrschaft Gottes und sein Königreich sind in der Tat »zentrales Thema Jesu«.[92] Er predigte das Königreich und verkündete die Anwesenheit des Königreichs in seiner eigenen Person.[93] Er heilte die Kranken, befreite

89 Zur Auslegung des Doppelgebots der Liebe vor dem Hintergrund der Reich-Gottes-Theologie s. Ulrich Wilckens: Theologie des Neuen Testaments, Band 1/1, Neukirchen-Vluyn 2002, S. 252ff.

90 David J. Bosch: Transforming Mission, Paradigm Shifts in Theology of Mission, Maryknoll 1991, S. 208ff.

91 Ulrich Wilckens: Theologie des Neuen Testaments, S. 258.

92 Wilckens: Theologie des Neuen Testaments, S. 131.

93 Hans-Georg Kümmel: Die Theologie des Neuen Testaments nach seinen Hauptzeugen Jesus, Paulus, Johannes. Göttingen 1976, S. 30-35; Leonhard Goppelt: Theologie des Neuen Testaments, Göttingen 1978, S. 104ff.; Wilckens: Theologie des Neuen Testaments. S. 131ff.

Besessene und wirkte Zeichen des kommenden Königreichs. Die treffendste Beschreibung seines Wirkens findet sich in Lukas 4,18-19. In der Synagoge von Nazareth liest Jesus Jesaja 61,1-2 vor. Dieser Text ist in der jüdischen Tradition immer im Licht des kommenden Messias verstanden worden, der seinem Volk das Königreich Gottes bringen würde. Jesus liest den Text und »rollte die Schriftrolle zusammen, gab sie dem Synagogendiener zurück und setzte sich. Alle in der Synagoge sahen ihn an. Und er sagte: ›Heute ist dieses Wort vor euren Augen und Ohren Wirklichkeit geworden!‹« (Lk 4,20-21). In ihm, in Jesus selbst, hat sich die Prophezeiung erfüllt. Das Erlassjahr ist gekommen, Gottes Königreich ist dabei, Wirklichkeit zu werden. Dieses Königreich wird sich auf die gesamte menschliche Existenz erstrecken. Die politische Dimension der Konsequenzen dieser Herrschaft ist offensichtlich. Gottes Herrschaft ist real, sein Reich umfasst sämtliche Lebensbereiche, nichts wird davon ausgeschlossen. Ja, sein Reich ist ein geistliches, aber es realisiert sich auch auf materieller, sozialer und kultureller Ebene. Jesus bezieht alle Aspekte des Lebens ein, wenn er das Reich Gottes in seinen berühmten Gleichnissen beschreibt. Um Gottes allumfassende Herrschaft auf der Erde sollen die Jünger bitten, als Jesus sie lehrt: »Unser Vater im Himmel, dein Name werde geehrt. Dein Reich komme bald. Dein Wille erfülle sich hier auf der Erde genauso wie im Himmel« (Mt 6,9-10).

Gott arbeitet darauf hin, die Welt in das hinein zu verwandeln, was er für sie im Sinn hatte. Wie würde nun eine Welt unter Gottes Herrschaft aussehen? Jesus sprach nicht oft davon, wie man sich eine Welt, die von Gott regiert würde, konkret vorstellen könnte. Den einzigen Anhaltspunkt, den er uns bietet, ist dieser: Die Welt von Gottes Königreich wird eine *neue* sein.[94] Er verweist auf die Propheten, denn sie stellten sich die eschatologische Welt ebenfalls als eine neue Welt vor. So hört z.B. Jesaja Gottes Worte: »Seht hin; ich mache etwas Neues; schon keimt es auf. Seht ihr es nicht? Ich bahne einen Weg durch die Wüste und lasse Flüsse in der Einöde entstehen« (Jes 42,19). Jesus bezieht sich immer wieder auf Jesaja, seine Theologie von Gottes Königreich spiegelt dessen Prophezeiungen wider. So lässt sich z.B. die

94 s. z.B: Mk 2,24 par.

Lehre Jesu über das eschatologische Festmahl (Mt 8,11, Mk 14,25 par, Lk 22,29ff u.a.) mit dem Fest in Beziehung setzen, das Gott einer Vision Jesajas zufolge für die Heiden am Ende der Zeiten bereitet hat (Jes 25,6). Jesus greift offensichtlich die Lehre der Propheten vom Königreich Gottes auf,[95] und seine Hörer folgten ihm darin. So erwarteten sie eine Welt, die mit Gott versöhnt ist, wie in Jesaja 65,17-25 beschrieben:

> Sieh! Ich schaffe einen neuen Himmel und eine neue Erde - kein Mensch wird noch an das Vergangene denken, niemand wird es sich zu Herzen nehmen. Freut euch vielmehr; freut euch für immer und ewig an dem, was ich zustande bringen werde: Denn ich will Jerusalem zu einer Stätte des Glücks und seine Bewohner zu einer Quelle der Freude verwandeln. Ich selbst werde mich an Jerusalem freuen und über mein Volk fröhlich sein und der Klang von Weinen und Klagen soll dort nicht mehr zu hören sein. Es wird keine Kinder mehr geben, die nur wenige Tage alt werden und keine Alten, die nicht ein erfülltes Leben gelebt haben. Die jüngsten werden mit 100 sterben! Und wer die 100 nicht erreicht, wird als verflucht gelten. Dann leben die Menschen in den Häusern, die sie erbaut haben und essen die Früchte der Weinberge, die sie gepflanzt haben. Sie werden nicht mehr bauen und ein anderer wohnt darin. Sie werden nicht mehr pflanzen und ein anderer isst. Denn mein Volk wird so lange leben wie die Bäume, und meine Erwählten werden das genießen, was sie erarbeitet haben. Sie werden sich nicht vergeblich abmühen und keine Kinder gebären, die gleich danach sterben, denn es sind Kinder von Menschen, die der HERR gesegnet hat und deren Babys Anteil am Segen Gottes haben.

Gottes neue Welt, die der Prophet gezeigt bekommt, wird eine sozial gerechte Welt sein. Ihre Bewohner werden nicht länger unterdrückt sein. Jeder wird in Freiheit seinen Lebensunterhalt verdienen, ein Heim für seine Familie schaffen können und gesund an Leib und Seele sein.

95 Für weitere Bezüge von Jesu Lehre zum Propheten Jesaja vgl.: Wilckens, Theologie des Neuen Testaments, S. 134ff.

Gottes Segen wird den Alltag durchdringen. Selbst die Tiere werden in Eintracht und Frieden leben und Gott wird Gott gegenwärtig wahrnehmbar sein. Diese Welt ist das Ziel von Gottes Mission – eine Welt unter seiner Herrschaft – sein Königreich. Nicht die Kirche ist Gottes Königreich, auch wenn sie zum Reich Gottes gehört.[96] So predigten die Jünger von Jesus nicht das Evangelium von der Kirche, sondern vom Reich Gottes (Apg 1,8; 8,12; 20,25; 28,23.31). Dieses Königreich verkündeten sie in der Welt (Mt 24,14).

Wir stellen also fest: Gott, der Schöpfer der Welt, liebt seine Schöpfung und arbeitet daran, die Welt auf gerechte Weise zurück unter seine göttliche, liebende Herrschaft zu bringen. Sein missionarisches Wirken wird durch den Charakter seines Reiches bestimmt, das er, wie bereits im Himmel, so auf Erden errichten will.

4.3 Mission Christi - Gottes Weg, die Welt zu verändern

Jesus war »Gottes bester Missionar«.[97] Kein anderer Mensch war näher an Gottes Herzen als Jesus, niemand seinem Ruf so gehorsam wie er. Er identifizierte sich vollständig mit Gottes Willen für sein Leben, und daher hat Gott »ihm den Namen gegeben, der über alle Namen ist« (Phil 2,11 LUT). Sein Name ist der einzige unter der Sonne, durch den Menschen gerettet werden (Apg 4,12). Er allein ist der rechte Weg zu Gott (Joh 14,6). Jeder Versuch, Gottes Mission umzusetzen, muss sich an Jesus orientieren. Der auferstandene Christus sagte zu seinen Jüngern: »Wie der Vater mich gesandt hat, so sende ich euch« (Joh 20,21). Die Kirche ist gesandt, wie Jesus gesandt war. Sie hat keine andere Sendung, kein darüber hinaus gehendes Modell für Mission. Jesus ist zugleich ihre Botschaft und ihr missionarisches Vorbild. Sie ist sein Leib in der Welt (Eph 1,23). Ihre wichtigste Aufgabe auf Erden ist die *imitatio Christi*, die gehorsame Nachfolge in Jesu Fußspuren.[98]

96 George Eldon Ladd: A Theology of the New Testament, Grand Rapids 1974, S. 111. Vgl. auch: Wayne A. Grudem: Systematic Theology. An Introduction to Biblical Doctrine, Grand Rapids 1994, S. 976.
97 Samuel Escobar: La Palabra. Vida de la Iglesia, El Paso 2006, S. 90.
98 Ebd., S. 109.

Worin bestand also Jesu Mission? Wie erfüllte er die Aufgabe? Im Folgenden führe ich einige Aspekte dazu aus.

a. Jesu Mission begann mit seiner Inkarnation. In Johannes 1,1-5.9-14 lesen wir:

> Am Anfang war das Wort. Das Wort war bei Gott und das Wort war Gott. Er war am Anfang bei Gott. Durch ihn wurde alles geschaffen, was ist. Es gibt nichts, was er, das Wort, nicht geschaffen hat. Das Leben selbst war in ihm, und dieses Leben schenkt allen Menschen Licht. Das Licht scheint in der Dunkelheit, und die Dunkelheit konnte es nicht auslöschen [...] Der, der das wahre Licht ist, das alle Menschen erleuchtet, sollte erst noch in die Welt kommen. Doch obwohl die Welt durch ihn geschaffen wurde, erkannte die Welt ihn nicht, als er kam. Er kam in die Welt, die ihm gehört, und sein eigenes Volk nahm ihn nicht auf. All denen aber, die ihn aufnahmen und an seinen Namen glaubten, gab er das Recht, Gottes Kinder zu werden. Sie wurden dies weder durch ihre Abstammung noch durch menschliches Bemühen oder Absicht, sondern dieses neue Leben kommt von Gott. Er, der das Wort ist, wurde Mensch und lebte unter uns. Er war voll Gnade und Wahrheit und wir wurden Zeugen seiner Herrlichkeit, der Herrlichkeit, die der Vater ihm, seinem einzigen Sohn, gegeben hat.

In Jesus wird Gott selbst Fleisch, um uns seine Herrlichkeit zu offenbaren. Die Inkarnation ist der Moment der völligen Hingabe, der *kenōsis*, in der Jesus sich selbst entäußert hat (Phil 2,7). Hier sehen die Autoren des Neuen Testaments den »Fokus der *missio Dei*«.[99] Gottes Rettungswort, sein letztgültiger Plan zur Rettung der Welt ist Jesus (Hebr 1,1). Dabei ist Jesus zuallererst ein Mensch wie wir, ein Jude aus den Juden, der in allem versucht wurde wie wir, doch ohne Sünde (Hebr 4,15). Geboren in Bethlehem, aufgewachsen bei seinen Eltern Maria und Josef[100]

99 Stuart Murray: Church Planting. Laying Foundations, Scottdale 2001, S. 42.

100 Das bedeutet nicht, dass Josef sein natürlicher Vater war. Soweit wir wissen, adoptierte Josef Jesus als seinen Sohn.

in Bethlehem ist er in jeder Hinsicht Teil der sozialen und kulturellen Gemeinschaft seines Volkes.

b. Die Inkarnation ist ein Akt der Hingabe, dem Volk Israel zu dienen. Jesus ist der *Ebed Jahwe*, der verheißene leidende Knecht, der Israel dienen und es retten sollte, indem er seine Sünde und Krankheit trug (Jes 53,4-6). Die Evangelien sind voll von Geschichten, die dem Leser vor Augen führen, wie menschlich Jesu Leben und Wirken war. So verwandelt er bei seinem ersten Wunder bei einer Hochzeitsveranstaltung in Kana Wasser zu Wein, als der feiernden Familie der Wein ausgeht (Joh 2,1-12). Jesus bringt Freude in das Fest ein. Er heilt die Kranken, befreit von Geistern Besessene von der dämonischen Bindung, speist die Hungrigen und kümmert sich um die Verletzten. Seinen Worten folgen Taten (Lk 9,11; Apg 10,36-38). Er spricht vom Königreich Gottes und demonstriert dessen Macht in seinen Taten. »Die Gesunden brauchen keinen Arzt, wohl aber die Kranken« (Mt 9,12), sagt er und fügt hinzu: »Der Menschensohn ist nicht gekommen, um sich bedienen zu lassen, sondern um anderen zu dienen« (Mt 20,28). Jesus ist Gottes Knecht (Lk 22,27). Gott begegnet uns Menschen in dem Menschen Jesus von Nazareth. Wer seitdem nach Gottes Willen fragt, wird ihn im Menschensohn finden, in Jesus (Joh 1,18; 14,9). Mission, wie Jesus sie verstanden hat, bedeutet Dienerschaft. Er dient und er lehrt seine Nachfolger, es ihm gleich zu tun (Joh 13,13f).

c. Jesus dient, um zu verwandeln. In ihm versöhnt Gott die Welt mit sich selbst (2Kor 5,18-19). Er bringt der Welt die Erlösung (Apg 4,12). In ihm wird Gottes Verheißung des Erlassjahrs Wirklichkeit (Jes 61,1-2; Lk 4,18). John Howard Yoder war der festen Überzeugung, dass das Jahr, in dem Jesus sich auf das Erlassjahr bezog, eines dieser fünfzigsten Jahre in der Geschichte Israels war.[101] In dieser Hinsicht hatte Israel das Gesetz Gottes niemals vollständig gehalten, und mit der Zeit wurde das Erlassjahr zu einem Synonym für das messianische endzeitliche Reich. Nun knüpft Jesus sein Wirken an das Erlassjahr, indem er den Anspruch erhebt, der verheißene Messias zu sein. In seinem

101 Yoder, Die Politik Jesu, 1981, S. 67.

großartigen Buch »Die Politik Jesu«[102] weist Yoder darauf hin, wie eng das Wirken Jesu mit den sozialen und politischen Dimensionen des Erlassjahrs in Beziehung steht. Yoder zufolge beginnt Jesus mit seinem Wirken auch eine Bewegung sozialer Veränderung.[103] Er geht sogar so weit, die Lehre Jesu als normativ für jede christliche Sozialethik zu erklären,[104] da sie vor dem Hintergrund der alttestamentlichen Gesetze zum Erlassjahr verstanden werden muss.[105]

d. Die von Jesus angestoßene Transformation hat das Königreich Gottes zum Ziel. Jesus verkündet das Königreich Gottes. Wie wir bereits gesehen haben, steht die kommende Herrschaft Gottes im Zentrum seines Wirkens.

e. Jesus schafft ein neues Volk des Königreichs – die Kirche. Als Petrus erkennt, dass Jesus der Messias Gottes ist, sagt Jesus zu ihm: »Von nun an sollst du Petrus heißen. Auf diesen Felsen will ich meine Gemeinde bauen, und alle Mächte der Hölle können ihr nichts anhaben« (Mt 16,18). Sein Volk ist ein erneuertes, heiliges Volk, ein königliches Priestertum (1Petr 2,9-11).

Wir fassen zusammen: Die Mission Christi ist Gottes Weg, sein Königreich aufzurichten, und gleichzeitig das Modell, nach dem seine Mission in der Welt verwirklicht werden soll. Durch seine Hingabe in der Inkarnation, seinen Dienst und seine Verkündigung soll alles Leben unter der Herrschaft Gottes verwandelt werden.

4.4 Mission des Geistes – Gottes Handeln, um die Welt zu verändern

Die Mission der Kirche begann an Pfingsten. Mit dem Kommen des Heiligen Geistes in Jerusalem[106] wurde sowohl die Kirche als auch ihre

102 John Howard Yoder: Die Politik Jesu, Maxdorf 1981 / Schwarzenfeld 2012.
103 Yoder, Die Politik Jesu, 1981, S. 25-26.
104 Ebd., S. 21.
105 Ebd., S. 59-69.
106 Apg 2,1-4.

Mission geboren. Der Geist Gottes leitet die Mission und baut die Kirche in der Welt. Die Schrift lässt keinen Zweifel daran:[107] Die Kirche wurde vom Heiligen Geist gegründet und er ist es, der sie erhält.[108] Durch den Geist glauben Menschen an Jesus (1Kor 12,3), durch den Geist werden sie zum Leib Christi, der Kirche, geformt (1Kor 12,13), durch den Geist erhalten sie Gaben und Aufgaben (1Kor 12,4-5). Die Kirche wird als Gemeinschaft des Geistes bezeichnet, als Tempel Gottes (1Kor 3,16), als geistliches Haus (1Petr 2,5), ein Ort, an dem Gott lebt (1Kor 6,19).

Die Mission Gottes in der Welt steht in direktem Zusammenhang mit dem Wirken des Geistes. Er ist der Herr der Mission (2Kor 3,17). Wie sieht das nun in der Praxis aus?

a. Der Heilige Geist ist der *creator fidae*, der Stifter des Glaubens. Als Jesus seinen Jüngern versprach, den Geist zu senden, betonte er, dass es der Geist sein würde, der die Welt von ihrer Sünde und von Gottes Recht und Gerechtigkeit überzeugt (Joh 16,8). Er würde die Jünger in alle Wahrheit leiten und sie an alles erinnern, was Jesus gelehrt hatte (Joh 14,26; 16,13). Dann befahl er ihnen, Jerusalem nicht zu verlassen, bis der Heilige Geist auf sie gekommen sei und sie zu Zeugen machen würde bis an die Enden der Erde (Apg 1,8). Jesus macht ganz deutlich, dass eine Beziehung zu ihm nur durch den Heiligen Geist möglich ist. Der Apostel Paulus betont in 1. Korinther 12,3, dass niemand Jesus »Herr« nennen kann außer durch den Heiligen Geist. Der Geist Gottes ist der »Ausgangspunkt des Glaubens«.[109] Jeder, der sich nach einer Beziehung zu Gott sehnt, muss von Neuem geboren werden (Joh 3,5), die Taufe im Heiligen Geist erleben (Tit 3,5). Nur diejenigen, die im Geist versiegelt sind (Eph 1,13f), die vom Geist Gottes »besessen« sind (Röm 8,9), können in der Kraft und Herrlichkeit des Vaters leben und vollbringen, was Jesus ihnen aufgetragen hat (Joh 16,7). Es ist, wie Clowney formuliert, der »Geist, der zu Christus führt«.[110] Ohne den Heiligen Geist gibt es keine Beziehung zu Jesus Christus und keine

107 David Evert: Holy Spirit in the New Testament, Scottdale 1983, S. 200f.
108 Ebd., S. 201.
109 Gordon Fee: Der Geist Gottes und die Gemeinde, Erzhausen 2005, S. 129.
110 Edmund P. Clowney: The Church, Leicester 1995, S. 51.

Beziehung zu Gott dem Vater. Nur diejenigen, die der Geist Gottes leitet, sind seine Kinder. Der Geist Gottes bestätigt unserem Geist, dass wir Gottes Kinder sind (Röm 8,14-16).

b. Der Heilige Geist ist der *creator ecclesiae*, der Stifter der Kirche. Wir haben gesehen, dass die Kirche an Pfingsten gegründet wurde. Schon die Propheten des Alten Testaments verbanden die Erneuerung von Gottes Volk mit dem Kommen des Geistes (z.B. Jes 32,15; 44,3; Hes 11,19; 36,26ff; 37,14; Joel 3,1-2). Folglich verkündet Petrus an Pfingsten vor den Juden, die aus allen Ländern in Jerusalem zusammengekommen sind, die Ausgießung des Geistes als eine Erfüllung dieser Verheißungen und ruft sie zur Buße auf (Apg 2,37-40). 5000 Menschen folgen seinem Aufruf, tun Buße und werden im Namen Jesu getauft als die ersten, die sich der Kirche Christi anschließen. Die Kirche wird in der Gegenwart des Heiligen Geistes geboren,[111] aus Menschen aller Nationen, die sich in Jerusalem versammelt haben. Das Volk Gottes wird universale Realität. Die Jünger Jesu, die aus dem jüdischen Volk stammen, werden jetzt zu allen Völkern der Welt gesandt (Apg 1,8). Durch Pfingsten erhalten die Jünger Jesu ihre globale messianische Identität.[112]

Er, der Heilige Geist, ist der Schöpfer der neuen Gemeinschaft, der neuen sozialen Institution des »Leibes Christi«, der die Strukturen von Gottes Volk auf Erden verwirklicht (1Kor 12,13). Dieser Leib führt weiter, was Jesus in der Welt begann, zum Lob seiner Herrlichkeit (Eph 1,3-6). Es ist ein geistlicher Leib, der nicht mehr der umgebenden Welt angehört, aber er existiert in der Welt und darin für die Welt (Joh 17,14-17). Die Kirche ist eine geistliche Institution, aber sie besitzt auch eine konkrete soziale Struktur. Sie ist nicht Teil der Welt, aber sie befindet sich noch immer in der Welt, und nur hier gilt ihre göttliche Berufung. Der Geist Gottes erbaut sie als eine weltweite Wirklichkeit. Jeder Weltbewohner ist eingeladen, niemand wird ausgeschlossen. Gott verteilt seine Gaben an jeden, der zum Glauben an Christus kommt

111 Gerhard Lohfink: Wie hat Jesus Gemeinde gewollt? Freiburg/Basel/Wien 1982, S. 96.

112 Jürgen Roloff: Die Kirche des Neuen Testaments, NTD, Ergänzungsreihe 10. Göttingen 1993, S. 63f.

(1Kor 12,4-6), und schafft einen Raum des Dienstes und der Würde in seinem Reich.

c. Der Heilige Geist als *dominus missii*, als Herr der Mission. »Wo der Geist wirkt, geht es um das Zeugnis in der Welt, die vollmächtige Verkündigung des Evangeliums.«[113] Darauf weist Jesus seine Jünger hin, als er voraussagt, dass das Erleben des Geistes dazu führen wird, dass sie Zeugen in Jerusalem, Judäa, Samarien und bis an die Enden der Erde werden (Apg 1,8). Die Kirche beginnt als eine Zeugnisgemeinschaft, die zu allen Nationen der Erde gesandt ist. Bevor Jesus seine Jünger auf die Mission sendet, wie der Vater ihn gesandt hat, sendet er selbst ihnen den Geist (Joh 20,1). Wo immer seine Jünger an seiner Mission teilnehmen, tun sie dies in »Geist und Kraft« (1Kor 2,4). Christen sind Diener des neuen Bundes, »eines Bundes, der nicht auf schriftlichen Gesetzen beruht, sondern auf dem Geist Gottes« (2Kor 3,6). Dieser Heilige Geist ist der Herr von Gottes Mission, indem er umsetzt, was der Vater im Sinn hat, auf die Art und Weise, die Jesus vorgelebt hat (2Kor 3,17).

Wir fassen zusammen: Die Mission von Gottes Geist besteht darin, Glauben in Menschen zu wecken und sie in das missionarische Volk einzugliedern, damit sie Gottes Königreich in der Welt verwirklichen.

4.5 Die Mission des dreieinen Gottes

Gott ist ein missionarischer Gott und er offenbart sich als Vater, Sohn und Heiliger Geist, die in dynamischer Beziehung zueinander stehen. Seine Natur lässt sich daher als reziproke Interiorität beschreiben und seine Mission ist in gleicher Weise vernetzt. Was der Vater wünscht, macht der Sohn zu einem Modell und der Heilige Geist führt es aus. Der Kreislauf der *missio Dei* besteht aus Gott, der die Grundlagen legt, Jesus, der die Methodik bestimmt und dem Geist, der die Umsetzung anleitet.

113 Hahn, Theologie des Neuen Testaments, Band 2, S. 280.

Abb. 2: Der göttliche Rundtanz (Perichorese) der Mission

4.6 Ist Gottes Mission eine politische?

Wir kommen auf die Ursprungsfrage dieses Buchs zurück: Ist die Mission Gottes eine politische? Er schuf die Welt mit einem Ziel. Seit die Menschen ihm ungehorsam wurden und dem Satan erlaubten, Einfluss auf sie zu nehmen, sucht er angesichts von Verderbnis und Sünde seine Herrschaft aufzurichten, sein Königreich, in dem Recht und Gerechtigkeit regieren. Ist diese Verwirklichung von Gottes Herrschaft in der Welt ein politischer Akt? Gott will die Welt um uns herum umkrempeln, er möchte jeden einzelnen Aspekt von ihr transformieren. Ist das politisch?

Jesus kam, um zu verkünden, dass das Königreich Gottes nahe sei. Er rief Gottes Herrschaft aus, die in seiner Person Wirklichkeit und für jeden zugänglich wurde, der bereit war, ihm in allen Bereichen seines Lebens nachzufolgen. Ist dies ein politischer Vorgang? Ist diese alternative Gemeinschaft von Gottes erwähltem Volk, das sich den etablierten Handlungsmustern der Welt verweigert und sich am Lebensstil Jesu orientiert, politisch?

Ist die Praxis des Heiligen Geistes – des Herrn der *missio Dei* in der Welt, der gesandt ist, um die Welt von ihren falschen kulturellen und gesellschaftlichen Wegen zu überführen und sie zu Gott, seinem Recht und seiner Gerechtigkeit zurückzuführen – politisch? Geistlich ist sie sicherlich, aber kann Spiritualität politisch sein?

Die Antwort lautet: Ja! Wie sonst würden wir all die transformativen und Leben verändernden Taten Gottes in der Welt bezeichnen? Wo Menschen kulturellen und gesellschaftlichen Wandel initiieren, nennen wir ihre Aktivitäten politisch. Ist die transformative Mission Gottes nicht weitaus politischer? Sie ist es, und dies hat unmittelbare Konsequenzen für die Mission der Kirche in der Welt. Wir werden diese Konsequenzen im Detail untersuchen, indem wir die Natur und die Mission der Kirche näher in den Blick nehmen.

5 Natur und Mission der Kirche Christi

5.1 Zur Verantwortung gerufen

Was ist Kirche? Eine einfache Frage und für Christen scheinbar leicht zu beantworten. Martin Luther meinte sogar, dass jedes Kind von sieben Jahren die Antwort kenne. In Wirklichkeit ist die Frage jedoch viel komplizierter, wie die Menge an Literatur über das Wesen der Kirche zeigt. Wir sind gut beraten, zum Neuen Testament zurückzukehren, um eine angemessene Antwort zu bekommen.[114]

Die Kirche Christi ist in erster Linie *seine* Kirche. Was also sollte Kirche nach seiner Aussage sein? In Matthäus 16,17-18 lesen wir: »Da erwiderte Jesus: ›Glücklich bist du, Simon, Sohn des Johannes. Denn das hat dir mein Vater im Himmel offenbart. Von einem Menschen konntest du das nicht haben. Von nun an sollst du Petrus heißen. Auf diesen Felsen will ich meine Gemeinde bauen, und alle Mächte der Hölle können ihr nichts anhaben.‹« Jesus sagt, dass er seine Kirche bauen wird. Wer Kirche definieren will, muss sich daran orientieren, wie Jesus Kirche bestimmt. Mit anderen Worten, eine Kirche ist nur Kirche Christi, wenn sie der von Jesus entworfenen Gemeinschaft entspricht. Jesus definierte seine Kirche als *ekklēsia.* Dies ist der griechische Begriff, der im oben zitierten Bibelabschnitt verwendet wird. Er setzt sich aus zwei Worten zusammen: *ek* für *aus/heraus* und *kaleō* für *rufen.* Er bezeichnet also *die Herausgerufenen.* In der Antike wurde der Begriff von den Griechen für eine politische Versammlung aller Bürger mit Stimmrecht in einer bestimmten Stadt gebraucht.[115] Der Magistrat rief sie zu einer Parlamentssitzung zusammen, um über entscheidende Fragen in städtischen Angelegenheiten zu diskutieren und abzustimmen. *Ekklēsia* bedeutet daher wörtlich übersetzt eine politisch verantwortli-

114 Martin Luther, »Schmalkaldische Artikel«, in: M. Luther, WA 50, S. 250.
115 Lothar Coenen: »Kirche«, in: Coenen, Lothar; Haacker, Klaus (Hg.): Theologisches Begriffslexikon zum Neuen Testament, Witten 2010, S. 1147.

che Versammlung, die herausgerufen wird, um über Alltagsfragen in der Gemeinschaft abzustimmen.

Es ist ziemlich ungewöhnlich, den Begriff für eine religiöse Versammlung zu verwenden. Die Juden nannten ihre religiösen Versammlungen *Synagoge,* ein ähnlicher Begriff wie *ekklēsia* mit fast ausschließlich religiöser Bedeutung. *Synagoge* wird auch in der Septuaginta (LXX), der griechischen Übersetzung des Alten Testaments, für religiöse Versammlungen des Volkes Gottes verwendet. Im Gegensatz dazu steht *ekklēsia* für den hebräischen Ausdruck *qahal Jahwe*, der normalerweise verwendet wurde, um Versammlungen Israels aus politischen Gründen zu beschreiben, zum Beispiel, als die Könige Israels die Stämme zusammenriefen, um in den Krieg einzutreten. Bis heute wird *qahal*[116] in Israel für Versammlungen gebraucht, die zur Klärung sozioökonomischer Fragen zusammenkommen.

Die Frage ist nun: Hat Jesus den Begriff zufällig oder bewusst verwendet? Und wenn ja, was bedeutet die Tatsache, dass gerade dieser Begriff verwendet wurde, für die Theologie und Mission der Kirche? Ich glaube, dass das Neue Testament Gottes inspiriertes Wort ist, und ich kann nirgendwo einen unpassenden Gebrauch von Terminologie erkennen. Jesus meinte genau das, was er gesagt hatte.[117]

Schauen wir uns als Beispiel einmal die Idee des neuen Gottesvolkes im Matthäusevangelium an. Jesus nennt seine Jünger »Salz der Erde und Licht der Welt« (Mt 5,13-15) und fordert, das Licht an der höchsten Stelle der Stadt aufzustellen, sodass es für alle leuchten kann. Zugleich sendet er seine Jünger zu allen *ethnē* der Welt und beauftragt sie, die *ethnē* zu Jüngern zu machen und sie anzuleiten, nach seinen Lehren zu leben (Mt 28,19-20). Das griechische Wort *ethnos* wird in der Regel mit *Nation* übersetzt. Ursprünglich meint es aber *das Volk als soziokulturellen Raum.* Der Missionsbefehl zielt auf Nationen, nicht auf Einzelpersonen, auf den sozialen und kulturellen Raum, nicht auf das individuelle Leben. Dies mag damit eingeschlossen sein, aber der Auftrag

116 H. P. Müller: »qahal Versammlung«, in: THAT, Bd. 2, München 1979, S. 609-619.

117 Mehr dazu in meiner Diskussion des Begriffs: Johannes Reimer: Die Welt umarmen. Theologie des gesellschaftsrelevanten Gemeindebaus, Marburg 2009, S. 36-41.

gilt weit über Einzelpersonen hinaus auch für die Gesellschaft und die Nationen mit all ihren unterschiedlichen kulturellen Gegebenheiten.[118]

Im Licht dieser Texte wird die *ekklēsia* aus der Welt herausgerufen, um Licht für die Welt zu werden, Verantwortung für die Welt zu übernehmen und die Welt in einen Ort zu verwandeln, der Jesu Lehre über das Reich Gottes entspricht. In einem solch verwandelten Raum wird deshalb die Hölle nie in den Toren der Stadt herrschen, wie Jesus in Matthäus 16,18 betont. Die Tore stehen für den Ort, an dem Entscheidungen in der Stadt getroffen wurden. Hier trafen sich auch die lokalen Kirchen. Die Verheißung Jesu ist mächtig: Er baut eine Kirche und die Hölle wird nicht in den Toren der Stadt herrschen.

Die *ekklēsia* ist in jeder Hinsicht eine religiöse Körperschaft mit dem klaren Ruf, Verantwortung für das Wohlergehen einer bestimmten Gemeinschaft zu übernehmen. Es ist bedeutsam, dass der Begriff im Neuen Testament ausschließlich für eine lokale Gemeinschaft verwendet wird. Wo der Begriff in der Einzahl verwendet wird, ist damit die Ortskirche gemeint, die Kirche in Jerusalem, Rom oder Antiochia. Bezogen auf eine Region, zum Beispiel auf die Provinz Asien, wird der Begriff immer in der Mehrzahl gebraucht. *Ekklēsia* ist eine lokale Institution. Ihr Licht muss vor Ort so hell wie möglich leuchten, um jedem dort Orientierung zu geben.[119]

Schließlich nimmt die Kirchengemeinde als Licht der Stadt nicht einfach nur an der Diskussion darüber teil, wie Gemeinschaft gestaltet werden soll. Sie *ist* Licht der Stadt, weil die Menschen ihre guten Taten sehen und den Herrn verherrlichen (Mt 5,16). Die *ekklēsia* verkündet in Worten und Taten. Sie ist eine dienende Gemeinschaft. Sie weist die Gemeinschaft nicht einfach auf einen besseren Wohnort hin. Die Kirche arbeitet aktiv daran, durch ihre guten Taten das Gemeinwesen aufzubauen. Dadurch wird sie zur ausführenden Kraft der Evangelisation. Die Menschen um sie herum werden ihre guten Werke sehen und darauf mit Lob für unseren Vater im Himmel antworten, sagt Jesus. Dies setzt jedoch voraus, dass die Menschen die Kirche namentlich

118 Mehr in: Gerhard Kittel; Gerhard Friedrich; Geoffrey W. Bromiley: Theological Dictionary of the New Testament. Abridged in One Volume, Grand Rapids 1985, S. 201-202.

119 Reimer, Die Welt umarmen, S. 38-39.

kennen, dass sie wissen, warum sie tut, was sie tut. Dann werden sie die guten Taten dem Glauben der Kirche und letztlich Gott selbst, dem Vater, zuschreiben. Das gesellschaftliche Engagement der Kirche muss deutlich von ihrer geistlichen und religiösen Identität geprägt sein. Das macht sie zu mehr als einer reinen Kraft gesellschaftlichen Wandels. Sie wird als prophetische Stimme Gottes und als priesterliche Hilfe eines gottbezogenen Volkes, eines königlichen Priestertums, einer neuen Nation gesehen werden (1Petr 2,9-10), eine Institution des Rechts und der Gerechtigkeit (2Kor 5,21).

Wir fassen zusammen: Die Kirche, wie Jesus sie sah, ist eine öffentliche Institution. Sie ist eine Versammlung, die aus der Welt zusammengerufen wurde, um in ihr transformativ zu handeln. Sie ist offensichtlich nicht von der Welt, wie Jesus sagt (Joh 17,16), und sie ist nicht in den Strukturen der Welt zu fassen (Röm 12,2), aber sie ist in der Welt und für die Welt.

Ist das politisch? Ist die Transformation der Gesellschaft ein Akt der Politik? Und wenn ja – was für einer Politik?

5.2 Als Licht in die Welt gesandt

Jesus baut seine Kirche mit einem konkreten Ziel. Der Apostel Paulus fasst die Berufung der Christen markant zusammen. In Eph 2,10 lesen wir: »Denn wir sind Gottes Schöpfung. Er hat uns in Christus Jesus neu geschaffen, damit wir die guten Taten ausführen, die er für unser Leben vorbereitet hat.« Nein, die Kirche Christi ist nicht zufällig entstanden. Sie hat eine Mission, und ihre Mission muss der Mission ihres Meisters folgen. In Johannes 20,21 sagt der auferstandene Christus zu seinen Jüngern: »Wie der Vater mich gesandt hat, so sende ich euch.« Der Missionsauftrag der Kirche Christi muss Jesu eigener Berufung folgen!

Wie also wurde Jesus gesandt? Im vorigen Kapitel haben wir seine Berufung dargestellt. Er wird gesandt, um Gottes Reich entsprechend dem Erlassjahr zu verkünden (Lk 4,18-19). In seiner Reflexion über den Dienst Jesu hebt John Stott hervor:

> Das Reich Gottes, das er proklamierte und in Kraft setzte, war eine radikal neue Form der sozialen Organisation, deren Werte und Standards die der alten und gefallenen Gemeinschaft herausfordern. [...] Sie bot eine Alternative zum Status quo. Sein Königtum wurde zudem als eine Provokation dem Kaiser gegenüber wahrgenommen, und er wurde daher des Aufruhrs beschuldigt.[120]

Was auch immer Jesus tat, die Öffentlichkeit las politisches Handeln in sein Leben und Wirken hinein. So ist es verständlich, wenn Dr. Joseph D'Souza Jesus einen »Dissidenten« nennt.[121]

Gesandt, wie Jesus gesandt wurde, folgten die Jünger Christi derselben Botschaft. Bald nach Pfingsten verkauften sie ihre Immobilien und kümmerten sich um die Armen und Bedürftigen in Jerusalem. Barnabas zum Beispiel war ein Levit, der Land besaß – das stand im Widerspruch zu den Bestimmungen des Gesetzes, wie Leviten leben sollten. Als Nachfolger Jesu tut er, was er im Erlassjahr tun sollte – er verkaufte sein ganzes Land und legte das Geld den Aposteln zu Füßen (Apg 4,36-37).

Die Taten der Jünger und ihre Botschaft entfalteten eine unglaubliche Wirkung in der Stadt Jerusalem. Täglich wurden Menschen zu Nachfolgern Jesu und die Elite reagierte prompt. In Apostelgeschichte 4,23-31 lesen wir das eindrückliche Gebet der verfolgten Nachfolger Jesu in Jerusalem:

> Sobald sie wieder frei waren, suchten Petrus und Johannes die anderen Gläubigen und erzählten ihnen, was die obersten Priester und Ältesten gesagt hatten. Als sie es hörten, erhoben alle gemeinsam ihre Stimme und beteten: »Allmächtiger Herr, Schöpfer des Himmels, der Erde und des Meeres und von allem, was darin lebt - vor langer Zeit hast du durch den Heiligen Geist und durch den Mund unseres Vorfahren David, deines Dieners gesagt: ›Wa-

120 Stott, New Issues Facing Christians Today, S. 14.
121 Dr. Joseph D'Souza; Benedict Rogers: On the Side of the Angels. Justice, Human Rights, and Kingdom Mission, Colorado Springs 2007, S. 6; dt.: An der Seite der Engel. Menschenrechte, Rechtssysteme und warum Christen nicht schweigen können, Linz 2009.

rum toben die Völker vor Zorn? Warum schmieden sie vergeblich Pläne? Die Könige der Erde lehnen sich auf; die Herrscher der Welt verschworen sich gegen den Herrn und seinen Gesalbten.‹ Genau das ist hier in dieser Stadt geschehen! Denn Herodes Antipas, der Statthalter Pontius Pilatus und das Volk Israel haben sich gegen Jesus, deinen heiligen Knecht, den du gesalbt hast, verschworen. Alles, was sie taten, geschah nach deinem ewigen Willen und Plan. Und nun höre ihre Drohung, Herr, und gib deinen Dienern Mut, wenn sie weiterhin die gute Botschaft verkünden. Sende deine heilende Kraft, damit im Namen deines heiligen Knechtes Jesus Zeichen und Wunder geschehen.«

Nach diesem Gebet bebte das Gebäude, in dem sie sich versammelt hatten, und sie wurden alle vom Heiligen Geist erfüllt. Und sie predigten mutig und unerschrocken die Botschaft Gottes.

Nein, die Jünger Christi flüchteten nicht aus Jerusalem, als sie verfolgt wurden. Im Gegenteil – sie dienten den Bedürftigen und verkündeten das Evangelium des Königreichs, wie es ihr Herr Jesus getan hat. Ihre guten Taten führten eine große Menschenmenge in die Nachfolge Jesu, die den Vater im Himmel lobten – genau so, wie Jesus ihnen geboten hatte, Licht der Welt und Salz der Erde zu sein (Mt 5,13-16). Bald führte der Geist des Herrn sie dazu, über die Grenzen Israels hinauszugehen und ihre Mission in voller Übereinstimmung mit dem Missionsbefehl Jesu bis in die entlegensten Winkel des Römischen Reiches auszudehnen. Er war es, der sie alle auf dem Berg in Galiläa versammelte, um sie zu beauftragen: »Darum geht zu allen Völkern und macht sie zu Jüngern. Tauft sie ihm Namen des Vaters und des Sohnes und des Heiligen Geistes und lehrt sie, alle Gebote zu halten, die ich euch gegeben habe« (Mt 28,19-20).

Es ist wichtig, genau zu erkennen, was diese Sendung beinhaltet. Jesus befiehlt seinen Jüngern, die *Völker* zu Jüngern zu machen. So sind sie nicht nur für einige wenige Einzelpersonen zuständig. Nein, ihre Aufgabe ist es, ganze Nationen dahin zu führen, das Reich Gottes anzunehmen und nach den Maßstäben zu leben, die Jesus sie gelehrt hat. In der Praxis bedeutet dies nichts Geringeres als den soziokulturellen Raum ganzer Völker zu transformieren – und das ist hochpolitisch!

Wer einen Auftrag erhalten hat, wird sich eines Tages für das verantworten müssen, was er erreicht hat. Auf die Frage, was geschehen würde, wenn er auf die Erde zurückkehrt, erzählt Jesus seinen Jüngern das Gleichnis von den drei Arbeitern, die von einem Grundbesitzer eingestellt wurden. Bevor er das Land verließ, gab er jedem von ihnen einen bestimmten Geldbetrag und riet ihnen, zu investieren und zu vermehren, was sie erhalten hatten (Mt 25,1-46). Nach seiner Rückkehr forderte er Rechenschaft von ihnen und als er den einen entdeckt, der seinen Job nicht gemacht hat, schickt er ihn fort. Die anderen beiden sind eingeladen, ihr Erbe anzutreten und sich dem Königreich anzuschließen. Auf die Frage, warum er diese freundliche Einladung ausgesprochen hat, antwortet Jesus:

> Denn ich war hungrig und ihr habt mir zu essen gegeben, ich war durstig und ihr gabt mir zu trinken. Ich war ein Fremder und ihr habt mich in euer Haus eingeladen. Ich war nackt und ihr habt mich gekleidet. Ich war krank und ihr habt mich gepflegt. Ich war im Gefängnis und ihr habt mich besucht.

Die so Erwählten waren von seinen Worten überrascht und fragten ihn:

> Herr, wann haben wir dich jemals hungrig gesehen und dir zu essen gegeben? Wann sahen wir dich durstig und haben dir zu trinken gegeben? Wann warst du ein Fremder und wir haben dir Gastfreundschaft erwiesen? Oder wann warst du nackt und wir haben dich gekleidet? Wann haben wir dich je krank oder im Gefängnis gesehen und haben dich besucht?

Und der König wird antworten: »Was ihr für einen der Geringsten meiner Brüder und Schwestern getan habt, das habt ihr für mich getan.«

Die Grundaussage des Gleichnisses ist offensichtlich: Gottes Leute sind in der Welt, um sich um die Bedürftigen zu kümmern. Joseph D'Souza fasst richtig zusammen: »Solange das christliche Leben und Zeugnis nicht tatsächlich in das individuelle Leben und die Gesellschaft involviert ist, können wir die Mission des Reiches in dieser Welt nicht authentisch erfüllen.«[122] Es ist deine Aufgabe, für die Geringsten, die Letzten und die Verlorenen zu sorgen und für die Würde unserer Mitmenschen einzutreten.[123]

Wir schließen daraus: Die Kirche Christi als *ekklēsia* ist von Natur aus berufen, Verantwortung für die Welt um sie herum zu übernehmen, die Menschen ihrer Gesellschaft zu Jüngern Christi zu machen und sie zu lehren, nach den Werten des Reiches Gottes zu leben. Das heißt: Ihre Mission wird immer politisch sein. Da sie von ihrer Natur her missionarisch und dazu berufen ist, die Gesellschaft zu verändern, kann sie sich nicht aus der Welt zurückziehen. Sie ist nicht von der Welt, sondern, wie Jesus sagte, in der Welt, wo sie ihre Aufgabe hat. Die Welt zu verlassen würde bedeuten, den Auftrag Christi zu verlassen und so ihr Wesen als Kirche Christi zu verlieren.

122 D'Souza, On the Side, S. 17.
123 Ebd., S. 25.

6 Die politische Aufgabe der Kirche

6.1 Eine politisch verantwortliche Institution

Die Kirche Christi ist eine gesellschaftspolitische Institution und ihre Mission besitzt eine echte politische Dimension, ob sie es will oder nicht.[124] Dies zu leugnen heißt, die Natur und die Aufgabe von *ekklēsia* falsch zu verstehen. Eine christliche Kirche darf nie fragen, *ob* sie ihre politische Verantwortung übernehmen muss. Sie muss vielmehr fragen, *wie* sie ihr politisches Mandat erfüllen soll. Um zu wissen, wie wir die Aufgabe erfüllen können, müssen wir bestimmen, was das politische Engagement der Kirche beinhaltet.

Die Kirchengeschichte zeigt, dass es eine lange Geschichte des gesellschaftspolitischen Engagements der Kirche und einzelner Christen gibt.[125] Ist die Kirche berufen, die Herrscher der Welt von ihren Thronen zu stürzen und an ihrer statt zu regieren? Die Erinnerungen an die Ereignisse der Weltgeschichte, als die Kirche genau diese Versuche unternahm, sind ziemlich düster. Im Neuen Testament wird an keiner Stelle erwähnt, dass die Kirche eine Regierungsmacht werden soll. Stattdessen weist der Apostel Paulus auf die von Gott selbst eingesetzten Autoritäten hin (Röm 13,1-2). Diese werden nicht mit der Kirche identifiziert. Was bedeutet es dann für die Praxis, dass die Kirche eine Akteurin der Transformation wird? Anhand der Schrift können wir einige grundlegende Beobachtungen herausstellen.

Die *ekklēsia* ist ein königliches Priestertum (1Petr 2,9-10). Sie ist Gottes Stimme in der Welt. Sie verkündet das Evangelium des Reiches Gottes. Sie regiert nicht die Welt, sondern ruft die Welt auf, sich der Herrschaft Gottes zu unterwerfen. Sie betet, dass sein Reich Wirklichkeit werden möge, wie im Himmel, so auf Erden. Ihre größte Sehnsucht

---

124 Grant Osborne: Romans, Downers Grove 2004, S. 320.
125 Siehe z.B.: John W. de Gruchy: Christianity and Democracy. A Theology for a Just World Order, Cape Town 1995.

ist das Reich Gottes (Mt 6,33). So strebt sie nicht selbst nach Macht, sondern bringt sich kritisch in alle Machtbereiche der Welt ein und weist sie auf den Gott hin, der in allen Lebensfragen das letzte Wort hat. Nein, die Kirche will nie selbst regieren. Stattdessen erstrebt sie die Herrschaft Gottes auf Erden. So bestimmt sich ihre politische Aufgabe in drei Dimensionen als (a) Gottes Priester in der Welt, (b) Gottes Akteur der Transformation und (c) Gottes prophetische Stimme in Kultur und Gesellschaft.

6.2 Ein Priester für die Gemeinschaft

Die Kirche ist ein königliches *Priestertum* (1Petr 2,9-10). Sie ist nie der König selbst, aber sie dient dem König der Könige. Sie ist Gottes auserwähltes Volk, »auserwählt zum Segen«[126] und »für alle auserwählt«.[127] Als solche vertritt sie die Menschen, unter denen sie lebt, vor Gott, und repräsentiert andererseits den Gott, dem sie dient, in der Gesellschaft, in der sie sich befindet. Sie ist ein lebendiges Zeichen des Königreiches inmitten der Menschen.

Zunächst bringt die Kirche die Gesellschaft, in der sie sich befindet, vor den lebendigen Gott. Sie weiß, dass alles Leben nur durch Gottes Gnade besteht. So betet sie um Gnade und Segen für die Menschen und die herrschenden Institutionen in Gesellschaft, Kultur und Wirtschaft. Da sie weiß, dass nur gesegnete Politik lebensspendend ist, wird sie Zeit und Kraft in die Fürbitte investieren. Und da sie weiß, wie schwach und fehlgeleitet die Menschen sind, wird sie bei Gott um noch mehr Gnade und Vergebung für diejenigen in der Gesellschaft bitten, die Gottes Gebote übertreten und sündigen. Es ist das priesterliche Gebet der Kirche, das die Welt vor einem völligen Zusammenbruch bewahrt. Wo starke Kirchen für ihre Gesellschaft beten, ändern sich die Gemeinschaften in jeder Hinsicht. Wo aber die Kirchen nicht für ihre Nachbarn und ihre Umgebung beten, übernehmen die Kräfte der Finsternis. Die politische Mission der Kirche beginnt mit der Fürbitte für

126 Christopher Wright: The Mission of God, S. 191.
127 Ebd., S. 222.

alle Akteure im politischen Raum. Sie ist Gottes auserwählte Priesterin für die Welt um sie herum.

Die priesterliche Kirche erscheint jedoch nicht nur vor Gott, wenn sie für die Gesellschaft eintritt. Ihre zweite Berufung liegt darin, Gottes Botschafterin der Versöhnung zu sein, die im Namen und in der Vollmacht Christi handelt und der Welt die vollständige Wiederherstellung ihrer Beziehung zum Schöpfer durch das Heil in Christus verkündet (2Kor 5,18-20). Sie lebt den Menschen einen alternativen Lebensentwurf vor, eine mit Gott versöhnte Gemeinschaft von Menschen, eine Gemeinschaft von Brüdern und Schwestern, eine Familie Gottes, in der Recht und Gerechtigkeit herrschen (2Kor 5,21). Wo sie ist, weicht die Finsternis, denn sie ist das Licht der Welt (Mt 5,14-15). In ihrer Gegenwart können die Menschen Gott sehen und erleben.

Als Priester Gottes fragt die Kirche Gott und beantwortet die Fragen der Menschen. Sie verkündet das Urteil, das Gott über die Strukturen der Gesellschaft und der Kultur ausspricht. Sie duldet niemanden, der Egoismus und Korruption in ihr Volk einführen will. Sie benennt Unrecht und stellt sich Ungerechtigkeit entgegen. Sie bleibt bei den Armen und Schwachen, selbst wenn dies bedeutet, ihr eigenes Leben für die Unterdrückten hinzugeben. So weiß die Welt um sie herum, dass sie einen Priester in ihrer Mitte hat, der sich furchtlos für sie einsetzt. Die Kirche tut all dies aus einem tiefen Gefühl der Liebe zu ihren Mitmenschen heraus und aus dem Wissen um ihre Berufung, allen Menschen Gerechtigkeit zu verkünden. Die Liebe zu Gott setzt die Liebe zum Nächsten voraus. Darum geht es in dem wichtigsten Gebot Jesu. Einem jüdischen Lehrer, der Jesus nach dem größten Gebot von allen fragte, antwortete Jesus: »›Du sollst den Herrn, deinen Gott, lieben, von ganzem Herzen, mit ganzer Seele und mit all deinen Gedanken!‹ Das ist das erste und wichtigste Gebot. Ein weiteres ist genauso wichtig: ›Liebe deinen Nächsten wie dich selbst!‹ Alle anderen Gebote und alle Forderungen der Propheten gründen sich auf diese beiden Gebote« (Mt 22,37-40).

Die Kirche als Priesterin der Gemeinschaft ist Licht und Salz in dieser Gemeinschaft. Ihre Mission wirkt als Katalysator. Sie regiert nicht, sie ist Vorbild und sie dient. So wie Salz seine Wirkung nicht verliert, wenn es sich im Wasser auflöst, wird die Kirche auf die Gesellschaft einwirken, solange sie Salz der Erde ist. Wie das Licht immer gegen die Dunkelheit gewinnt, so wird die Kirche in einer Stadt die Gemeinschaft vor den Mächten der Finsternis schützen. Solange die Kirche so ist, wie Gott sie will, sagt Jesus zu ihr: »Ihr seid das Salz der Erde. Doch wozu ist Salz noch gut, wenn es seinen Geschmack verloren hat? Kann man es etwa wieder brauchbar machen? Es wird weggeworfen und zertreten, wie etwas, das nichts wert ist« (Mt 5,13). Der Verlust ihrer Mission führt zum Verlust jeglicher gesellschaftlichen Gültigkeit. Wo die Kirche ihre politische priesterliche Rolle als Priesterin der Gemeinschaft nicht annimmt, wird sie unattraktiv und irrelevant werden. Dies ist in vielen Ländern der Welt traurige Realität.

Priesterin der Gemeinschaft zu sein ist eine hohe Berufung, aber es bedeutet nicht, dass die Kirche eine *societa perfecta* werden muss, eine vollkommene Gesellschaft. Sie ist eine menschliche Realität und als solche eine lernende Gemeinschaft, in der Gnade nicht nur gepredigt, sondern auch erlebt wird. Man kann unter ihren Mitgliedern Menschen finden, die wegen ihrer Sünde dringend Vergebung brauchen. Aber im Unterschied zur Welt kennen die Mitglieder der Kirche Gott und wenden sich an ihn mit der Bitte um Gnade. So werden sie verwandelt und zu priesterlichen Akteuren der Transformation für andere. Die priesterliche Kirche ist eine transformierende Kraft, die Leben verändert, indem sie durch Gott, ihren Herrn, verändert wird.

6.3 Ein königlicher Diener

Die Kirche Christi ist ein Priester inmitten des Volkes, ein *königlicher* Priester. Sie handelt im Namen und in der Macht und Autorität des Königs. Sie selbst ist jedoch kein König. Sie tut, was der König ihr befiehlt. Königlich ist sie darin, dass alle Regierungsangelegenheiten für sie von Bedeutung sind. Sie hat die Verantwortung, einen sinnvollen Lebensraum zu schaffen, und die Autorität, ihre Entwürfe in die Praxis umzusetzen. Königlich zu sein verleiht ihr die höchstmögliche Autorität. Sie wird jedoch ihre Macht nicht mit Gewalt ausüben. Nirgendwo in der Schrift wird die Kirche dazu aufgerufen, die Gesellschaft zu regieren. Dazu hat Gott Regierungen in jeder Nation bestellt. Sie sind Diener Gottes mit dem Auftrag, die Nationen zu *regieren* (Röm 13,1).

Die Kirche dagegen ist ein königlicher Knecht mit dem Auftrag, den Nationen zu *dienen*. Sie handelt nicht in der Macht ihres Amtes, sie handelt aus Liebe. Sie erreicht ihre transformativen Ziele nicht mit Gewalt, sondern indem sie Menschen in Not dient. Sie kämpft nicht gegen ihre Feinde, sondern dient ihnen in Liebe, wie der weise Salomo lehrte (Spr 25,21-22). Dies tut sie in dem Wissen, dass nicht Menschen ihr wahrer Feind sind, nicht »Fleisch und Blut«, wie der Apostel Paulus sagt, sondern die Mächte der Finsternis (Eph 6,12).

Als Gottes Werkzeug der Transformation sorgt die Kirche für die Armen, ernährt die Hungrigen, setzt sich für die Freiheit der Gefangenen ein, steht den Unterdrückten bei und findet Wege, sie zu befreien. Wo Kirche besteht, werden Blinde ihr Augenlicht wiedererlangen, Lahme werden gehen und das Reich Gottes wird mitten in der Gesellschaft Gestalt annehmen. Sie liebt alle, dient allen und verherrlicht dadurch ihren Vater im Himmel. Sie tut dies, weil sie den Nächsten liebt wie sich selbst. So fasst der kroatische Theologe Peter Kuzmic zu Recht zusammen: »Es gibt keine authentische Mission ohne die Motivation der Liebe und des Mitgefühls.«[128] Ihr Vorbild ist die Erlösung, wie sie in der Exoduserzählung des Alten Testaments paradigmatisch berichtet wird, und die zu einer umfassenden und vollständigen Erneuerung führt, wie sie in der Theologie des Erlassjahres im Alten Testament dargestellt ist.[129]

All dies ist per definitionem politisches Engagement. All dies geschieht unter den Menschen und für die Menschen. Und all dies ist die Arbeit eines Dieners. Das politische Engagement der Kirche ist daher *diakonischer* Natur. Sie verändert die Gesellschaft, indem sie ihr in Liebe dient. Ja, die Kirche wird kritische Themen benennen und Stellung beziehen, wo Ungerechtigkeit in der Gemeinschaft herrscht, und

---

128 Peter Kuzmic: »Justice, Mercy and Humility«, in: Tim Chester (Hg.): Justice, Mercy and Humility. Integral Mission and the Poor, London 2002, S. 158.

129 Siehe die Diskussion in Christopher Wright, The Mission of God, S. 265-323; Roland Hardmeier: Kirche ist Mission, Auf dem Weg zu einem ganzheitlichen Missionsverständnis, Schwarzenfeld 2009, S. 89-140.

nein, die Kirche wird sich nicht auf einen Kampf einlassen. Sie zieht es vor, für einen Feind zu sterben, als das Leben anderer auszulöschen.

Wo immer die Kirche Christi es zuließ, dass politische Machtstrukturen die Ausübung ihres Auftrags übernahmen, wo immer sie nach dem Thron griff, wurde sie bald schlimmer als diejenigen, die sie abgelöst hatte. Man denke nur an die römisch-katholischen Päpste im Mittelalter oder an das byzantinische Zusammenspiel von Kirche und Staat, an die moskowitische blutige Herrschaft von Zar Iwan dem Schrecklichen mit der russisch-orthodoxen Kirche an seiner Seite oder an die Herrschaft von Jan van Leiden, dem selbst ernannten König des Täuferreichs Münster in Deutschland. Die Geschichten gleichen sich alle: Die Kirche setzt das Regime ein, übt politische Macht mit Gewalt aus und verliert so ihre Berechtigung, ein königliches Priestertum zu sein. Sie verliert ihre entscheidende Funktion, die Welt um sie herum in einen besseren Lebensraum zu verwandeln, der von den Werten des Gottesreichs geprägt ist.

6.4 Ein prophetischer Zeuge

Die Kirche Christi ist berufen, ein Priester der Gemeinschaft im königlichen Dienst zu sein, der das Evangelium des Königreiches verkündigt. Sie muss ihre Stimme für die Armen, die Gefangenen, Unterdrückten und Bedürftigen erheben. Sie bevorzugt niemanden, wie auch Gott nicht manche erwählt und andere abweist (Röm 2,11). Er will, dass alle Menschen auf der Erde gerettet werden (1Tim 2,4). Die Kirche spricht also für alle. Ihre Stimme ist die Stimme eines Propheten, und den Propheten vertraut Gott seine Offenbarung an, wie Amos (3,7) sagt: »Gott, der Herr, tut nichts, ohne sein Geheimnis vorher seinen Dienern, den Propheten anvertraut zu haben.«

Die Propheten des Alten Testaments waren Männer und Frauen, durch die Gott die vergangenen und gegenwärtigen Zustände offenbarte, in denen das Volk lebte, indem er die Sünde von Vater und Sohn, Mutter und Tochter, König und Volk benannte. Gleichzeitig offenbarten die Propheten den zukünftigen Heilsplan Gottes für die Menschen. Die Propheten waren analytische Genies, sie machten keine Kompromisse und brachten gleichzeitig eine Botschaft der Hoffnung für die Zukunft. Sie verkündeten »den Sinn und Rat Gottes, dass Umkehr gelehrt und Gerechtigkeit gepredigt wird, um Wiederherstellung zu bringen, zu heilen (Mt 9,35)«.[130]

Die Propheten traten öffentlich auf. Amos zum Beispiel prophezeite gegen Gesellschaften, die »die Schwachen in den Staub getreten und den Unterdrückten ihr Recht vorenthalten« haben (Am 2,7). Sein prophetisches Wort richtete sich gegen ungerechte und repressive Herrscher (Am 3,9-10) und Strafrichter (Am 5,12; vgl. Jes 1,23). Jeremia benannte mutig die Tiefe des Elends in der Gesellschaft und machte die führende Elite dafür verantwortlich. Er setzte sich offen für alle Ausgegrenzten und Unterdrückten ein und tadelte die Führungsschicht für ihre korrupten und bösen Praktiken (Jer 6,7-15; 8,8-13). Der Prophet Jesaja konzentrierte sich auf die schlimmen Taten der religiösen Führer (Jes 58,5-7). Johannes der Täufer und schließlich Jesus folgten den Propheten des Alten Testaments in ihrer öffentlichen Verkündigung der Wahrheit (Lk 16,19-31). Der prophetische Dienst von Jesus war eindeutig politisch.

Die Kirche Christi ist auf das Fundament gebaut, das von Aposteln und Propheten gelegt wurde (Eph 2,20). Diese Grundlage ist Jesus Christus (1Kor 3,11), der ins Leben der Menschen im Geist der Prophezeiung hineintritt (Offb 19,10). Folglich wird die Kirche dazu aufgerufen, einen Raum für Prophezeiungen in ihrer Mitte zu schaffen, um die Erbauung ihrer Mitglieder zu fördern (Eph 4,29; 1Thess 5,11.19-21; 1Kor 14,3-4.31) sowie auch ihr Zeugnis in die Gesellschaft zu tragen (Eph 4,11-12). Eine »missionarische Kirche wird auf den Schultern der Propheten stehen«, sagt der brasilianische Theologe Paolo Suess.[131] Wo Propheten auftreten, wird das Leben gefördert, Veränderungen angestoßen und die Menschenwürde wiederhergestellt.[132] Die prophetische

130 »What is a prophetic ministry?«: https://www.angelfire.com/in/HisName/ (09.03.2021).

131 Paolo Suess: »Zur Prophetie im Horizont der Menschenwürde«, in: Mariano Delgado; Michael Sievernich (Hg.): Mission und Prophetie in Zeiten der Interkulturalität. Festschrift zum hundertjährigen Bestehen des Internationalen Instituts für missionswissenschaftliche Forschungen 1911-2011, St. Ottilien 2011, S. 46.

132 Ebd., S. 39-40.

Stimme der Gemeinde soll nicht unterdrückt werden (1Thess 5,11). Sie enthüllt in kühner Demut, was falsch, korrupt, sündig und destruktiv ist. Nichts anderes steht dem prophetischen Charakter der Kirche so sehr entgegen wie politische Korrektheit. Nur wenn die Kirche dem Evangelium untreu wird, wird sie zum Instrument des Status quo. [133] Propheten sind furchtlos, wenn es darum geht, aktuelle kritische Themen anzusprechen, die Bedrohungen des Lebens in der Gesellschaft aufzudecken, die Herrscher und Strukturen mit ihrem Fehlverhalten zu konfrontieren und sich gegen Ungerechtigkeit zu stellen. Die prophetische Kirche wird sich immer in den gesellschaftspolitischen Diskurs über aktuelle Lebensfragen einschalten, nicht weil sie es besser weiß, sondern weil sie der Ort ist, den Gott bestimmt hat, um von dort aus den Menschen seine Wahrheit zu verkünden.

Die prophetische Kirche wird sich zu Wort melden, weil die Erde Gott gehört. Er ist nicht nur der Schöpfer, sondern auch der Bewahrer der Welt. Jede ökologische, wirtschaftliche, kulturelle und soziale Entwicklung, die das Leben auf der Erde gefährdet, ist ein Thema, zu dem er und mit ihm seine prophetische Stimme – die Kirche – sprechen wird. Jeder Versuch politischer Kräfte, die Lebensräume der Menschheit und der Schöpfung auszubeuten, wird Gottes Handeln herausfordern und die Kirche dazu bringen, ihre Stimme gegen solche Mächte zu erheben. Sie ist Gottes Priesterin auf der Erde, die sich für das Leben der gesamten Schöpfung einsetzt. Jede egoistische und lebensbedrohliche Ausbeutung der Natur wird ihren Protest hervorrufen. Ideologische Machthaber und politisch repressive Systeme werden in der Kirche eine aktive Opposition finden. »Kritisch und prophetisch mischt sich Reich-Gottes-Theologie in die öffentlichen Angelegenheiten einer Gesellschaft ein und erinnert öffentlich nicht an kirchliche Interessen, sondern »an Gottes Reich, an Gottes Gebot und Gerechtigkeit« betont Jürgen Moltmann.[134]

Biblische Prophezeiung ist eine moralische Stimme inmitten einer Nation, aber Propheten waren weit mehr als nur Kritiker. Wenn sie

133 Siehe René Padilla: Mission Between the Times. Essays on the Kingdom, Grand Rapids 2010, S. 54.

134 Jürgen Moltmann: Erfahrungen theologischen Denkens. Wege und Formen christlicher Theologie, Gütersloh 1999, S. 16.

das Urteil verkündeten, kündigten sie auch Wege zur Umkehr und zu einem Neuanfang an. Sie waren Boten der Hoffnung und einer erneuerten Zukunft unter Gottes Herrschaft. Sie riefen die Menschen dazu auf, ihr Leben aktiv zu verändern, und lehrten sie, ein heiliges Leben unter der Herrschaft Gottes zu führen.

Vor dem Hintergrund des prophetischen Dienstes ermutigt der Missionsauftrag Christi in Matthäus 28,19-20 die Kirche, aktiv daran teilzunehmen, Völker zu Jüngern Christi zu machen. Indem die Kirche ein Volk alles lehrt, was Jesus seine Jünger lehrte, wird sie zu einer aktiven Kraft der Veränderung und der Transformation der Gesellschaft, indem sie selbst ein verändertes Leben führt, die Öffentlichkeit Gottes Lebensregeln lehrt und sie in ein Königreich einlädt, das vom Geist Gottes regiert wird. Es ist wichtig zu sehen, dass das prophetische Zeugnis der Kirche die öffentliche Sichtbarkeit eines Lebensstils voraussetzt, der sich am Reich Gottes orientiert. Die Kirche muss gewissermaßen am höchsten Punkt einer Stadt gebaut werden, damit sie Licht für alle Bürger sein kann. Prophetisches Leben fördert das Interesse am Reich Gottes und macht die Gesellschaft neugierig, auf die prophetische Stimme zu hören. Wenn die Menschen die Herrlichkeit Gottes im Leben der Christen sehen, werden sie sich danach sehnen, die Herrlichkeit Gottes selbst zu erfahren (Joh 1,1-14).

Prophetisches Zeugnis ist Verkündigung in Leben, Tat und Wort. Jesus ist hierin das beste Beispiel. Er nutzte viele Wege, um die Menschen öffentlich anzusprechen: Er heilte Kranke, speiste Hungrige, sorgte für Notleidende, bot eine neue Form der Gemeinschaft an und predigte natürlich das Evangelium vom Reich Gottes. Die prophetische Kirche wird seinem Beispiel folgen. Sie wird auch prophetisch leben als lebendiges Zeichen des Reiches. Sie wird sich in transformatives Handeln in der Gemeinschaft investieren und die Botschaft des Evangeliums denen verkündigen, die Gottes Gnade noch nicht erfahren haben.

6.5 Der Ort der politischen Beteiligung

Die *ekklēsia* ist eine örtliche Institution. So stellt uns das Neue Testament das neue Volk Gottes vor. In der Gemeinschaft vor Ort findet sie den wichtigsten Raum für ihr missionarisches Handeln. Hier ist ihr politisches Engagement ein natürlicher Ausdruck dessen, was sie ist und will. In ihrer Stadt, errichtet an einem herausragenden Platz, von überall aus zu sehen, bietet sie allen Licht an, dient den Menschen durch ihre guten Taten und ermutigt sie, Gott zu preisen (Mt 5,13-16).

Es gibt keinen anderen Ort unter der Sonne, wo Menschen einen so einfachen und natürlichen Zugang zur Kirche haben wie in einer Gemeinschaft von Nachbarn. Hier sehen und beobachten die Menschen unmittelbar die Authentizität und Heiligkeit dessen, was unter ihnen als Zeichen von Gottes Reich sichtbar ist. Leben, Taten und Worte kommen zusammen, und wenn sie übereinstimmen, wird die Kirche zu einem kraftvollen Zeugnis der Gnade Gottes und der Versöhnung, der Liebe und der Erneuerung. Die örtliche Kirche kann in der Öffentlichkeit nicht *kein* Zeugnis sein. Ihre Anwesenheit ist eine laute Stimme – zum Guten oder zum Schlechten. Sie wird die Menschen ins Reich Gottes locken oder sie davon abschrecken. Die Kirche sollte sich dessen bewusst sein und ihre Stellung als Kirche sowie ihre Verantwortung für die Gemeinschaft bewusst annehmen. Nur so kann sie ein Akteur Gottes zum Guten für die Menschen werden.

Ob eine Kirche dem Missionsauftrag Gottes treu ist, zeigt sich daran, welche Beziehungen sie mit ihren Nachbarn pflegt. Nehmen die Menschen Gottes Licht in ihr wahr? Spüren sie ihre Liebe und erleben sie die Kirche als Fürsprecherin für die Bedürftigen? Dann werden sie es schätzen, dass sie zu ihrer Nachbarschaft gehört, auch wenn sie selbst anderen religiösen und ideologischen Überzeugungen anhängen. Eine Kirche in einer Gemeinschaft, die sich um das Wohlergehen der Menschen kümmert, sich an der Entwicklung der Gemeinschaft beteiligt – eine solche Kirche wird zu einer Volkskirche. Und eine Volkskirche hat immer politische Relevanz.

Eine Kirche kann ihre Relevanz für die Gemeinschaft durch eine einfache Frage testen: Wird sie vor Ort gebraucht? Was würden die Menschen vermissen, wenn Ihre Kirche eines Tages aufhörte zu existieren? Würde jemand ihr Fehlen bemerken? Würden der Kindergarten, die Schule, das Sozialreferat der Stadt, die Medien usw. Ihre Kirche vermissen? Wenn ja, dann erweist sich Ihre Kirche als gesellschaftsrelevant, politisch aktiv und transformativ. Wenn nicht, hat Ihre

Kirche aufgehört, Salz und Licht für eure Gemeinschaft zu sein, was bedeutet, dass sie ihre missionarische Vision verloren hat und kaum noch Kirche Christi ist, die *ekklēsia* Gottes. Eine Kirche, die ihrem missionarischen Ruf nicht folgt und das Evangelium nicht verkörpert, hat ihre wahre Natur verloren und stellt eher einen religiösen Verein dar als ein Volk Gottes. Als solche wird sie für die Menschen zunehmend an Attraktivität verlieren. Ihre Stimme wird ungehört bleiben und ihre Verkündigung wird zu einer leeren Einladung zu einer irrelevanten Religion. Das politische Engagement der Kirche in dem oben beschriebenen Rahmen geht mit ihrer evangelistischen Wirksamkeit Hand in Hand.

6.6 Die alternative Gesellschaft

Die Kirche Christi ist Gottes Kirche inmitten einer Welt, die noch nicht mit ihm versöhnt ist. Sie ist seine Priesterin, königliche Dienerin und prophetische Stimme. Ihr gesamtes öffentliches Handeln ist hochpolitisch. Aber ihre politischste Wirksamkeit besteht darin, eine neue Gesellschaft des Reiches Gottes inmitten menschlicher Reiche zu sein. Sie ist Gottes alternativer sozialer Raum. In ihr nehmen Menschen eine andere Lebensweise wahr, eine neue Kultur, eine positive Alternative zu dem, was ihr Leben regiert. Die Mitglieder der Kirche nehmen nicht nur den kulturellen Auftrag an, den Gott allen Menschen erteilt hat, sie engagieren sich nicht nur für gesellschaftliche Transformation auf allen Lebensebenen, sondern weitaus mehr: Sie machen die Nation zu Jüngern, indem sie die Ethik Jesu als eine göttliche Lebensweise einführen. Darin besteht der Kern des Missionsauftrags in Matthäus 28,19-20.

Es ist nicht verwunderlich, dass der hohe moralische Lebensstandard unter Christen, vor allem in westlichen Gesellschaften, bedroht ist. Der autonome Mensch will sich der Autorität Gottes nicht unterwerfen. Die aktive Präsenz der Kirche in der Gesellschaft setzt der menschlichen Autonomie Grenzen. Dies ist ein wichtiger Grund für die gesellschaftlichen Mächte, die Kirche vom öffentlichen Platz ins Private zu drängen. Eine missionarische Kirche wird dies niemals zulassen. Nicht einmal unter Lebensgefahr.

Die Kirche als alternative Gemeinschaft ist eine politische Realität par excellence. Daher wird eine politisch aktive Kirche bewusst neue Kirchen gründen. Wenn es in einer Gemeinschaft keine Kirche gibt, ist eine kirchliche Transformation der Gemeinschaft buchstäblich unmöglich. Transformation erfordert einen Träger der Transformation, lokale Transformation der Gemeinschaft braucht einen lokalen Akteur. Die *missio politica* der Kirche muss daher eine Mission zur Gründung von Kirchen beinhalten. Wenn man das gesellschaftspolitische Engagement der Kirche von der Evangelisation und der Kirchengründung trennt, wird der Erfolg von Gottes Mission in der Welt erheblich beeinträchtigt.

Die Kräfte hinter einer solchen Trennung sind in keiner Weise daran interessiert, das Reich Gottes wachsen zu sehen. Im Gegenteil, vielleicht laden sie die Kirche sogar ein, Steine in Brot zu verwandeln, um die hungrigen Massen zu ernähren, aber dies hat einen Preis: Das Niederfallen vor der antigöttlichen, dämonischen Präsenz. Jesus wurde zu Beginn seines Dienstes von Satan versucht, genau dies zu tun. Doch er wies eine solche Option kompromisslos ab und brachte das wahre Gesicht Satans hinter dessen Angebot zum Vorschein (Mt 4,1-4). Jesus speiste die Hungrigen und heilte die Kranken, aber nie, ohne diese Menschen wissen zu lassen, woher seine Macht stammte. Die *missio politica* ist ganzheitlich, holistisch im besten Sinne des Wortes.

Gemeinschaften des Königreichs in der Welt mit dem Auftrag zu gründen, Priester der Gemeinschaft und königliche Diener zu sein, die mit einer kühnen Stimme für diejenigen eintreten, die sich nach Gerechtigkeit und Rechtschaffenheit sehnen – das ist es, was Jesus anstrebte, als er seine Jünger bis an die Enden der Erde sandte.

7 Missio politica – eine Friedensmission

7.1 Männer und Frauen des Friedens

Als Christen sind wir eingeladen, uns Gottes umfassender Mission auf Erden anzuschließen. Wo er ist, werden auch wir sein! Wo wir ihn inmitten der Völker und Nationen entdecken, haben wir den richtigen Ausgangspunkt für unsere eigene Mission gefunden. Wo wir die Männer und Frauen entdecken, mit denen er zusammenarbeitet, öffnen sich uns Türen für effektiven Missonsdienst in der Öffentlichkeit. In den letzten Jahren hat der Begriff »Church Planting Movement« (CPM), deutsch »Gemeindegründungsbewegung« (GGB), alle aufgerüttelt, die in der westlichen Welt in Sachen Gemeindegründung engagiert sind. David Garrison[135] und David Watson[136] haben dieses Konzept vorgestellt und schreiben ihm weltweit erstaunliche Ergebnisse zu. Ich werde die Bewegung als solche nicht kommentieren, jedoch einen der zentralen Begriffe von CPM verwenden – das Konzept der *Person des Friedens.*

Um eine tragkräftige Beziehung zu der Gemeinschaft aufzubauen, die sie evangelisieren möchten, brauchen Missionare und Kirchengründer nach Watson Kontakt zur richtige Person darin. Diese »Person des Friedens« definiert Watson wie folgt: »Die Person des Friedens ist jemand, den Gott vorbereitet hat, das Evangelium anzunehmen und es zum allerersten Mal in eine bestehende Gemeinschaft hineinzubringen.«[137] Watson leitet dieses Konzept von Jesus ab, der seinen Jüngern

---

135 David Garrison: Church Planting Movements. Richmond, VA, 2004; online: https://de.scribd.com/document/73786524/David-Garrison-CPM-Booklet (09.03.2021).

136 Siehe zum Beispiel: David Watson; Paul Watson: Ansteckende Jüngerschaft. Mit Menschen auf Entdeckungsreise gehen, Hamburg 2016.

137 David Watson: Gemeindegründungsbewegungen, Schwelm 2011², S. 31; online: https://www.apcm.de/wp-content/uploads/2017/04/Gemeindegr%C3%BCndungsbewegungen-David-Watson.pdf (09.03.2021).

befahl, hinzugehen und den verlorenen Schafen des Hauses Israel das Evangelium zu verkünden, indem sie in die Häuser des Volkes eintraten (vgl. Mt 10 und Lk 10). Er befiehlt seinen Jüngern, eine Person des Friedens zu finden und in deren Haus zu bleiben. In Lukas 10,5-6 lesen wir – in leicht abgewandelter Form: »Wenn du ein Haus betrittst, segne es. Wenn du dort eine Person des Friedens antriffst, bleibe in dem Haus, iss und trink, was dir angeboten wird, und zieh nicht herum von Haus zu Haus.«

Dieses Prinzip wird vielfach angewendet, zum Beispiel in Hauskirchenbewegungen, wie es Victor Choudhrie für seinen indischen Kontext berichtet.[138] Die Vertreter der GGB bauen auf dem Frieden auf, den die Jünger und Missionare im Haus des Nichtchristen finden. Hier finden sie einen Schlüssel zu der ganzen Gemeinschaft. Diese »Person des Friedens« zu Christus zu führen, öffnet ihnen eine Tür zu dessen Gemeinschaft. Gleichzeitig gewinnen sie einen Dolmetscher, der ihnen hilft, eine angemessene Sprache und Form der Kommunikation für diese Gemeinschaft zu finden. Durch solch einen einheimischen Helfer, der sich mit allen internen Angelegenheiten bestens auskennt, wird beim Eintritt in die Gemeinschaft auch eine angemessene Kontextualisierung und die richtige kulturelle Ausdrucksform der entstehenden Kirche sichergestellt. Ohne Frage ist dies ein berechtigtes und wirksames Konzept.

Was die GGB-Befürworter allerdings weniger betonen, ist die Tatsache, dass Jesus in der Bibelstelle, auf die sie ihr Konzept aufbauen, seinen Jüngern befiehlt, Frieden *anzubieten* – nicht zu *suchen.* Die Jünger sind die Friedensmenschen, die in ein Haus kommen, in dem der Frieden willkommen ist! Mit anderen Worten, ihre Mission ist eine Mission des Friedens! Eine »Person des Friedens« in dem Haus, in das die Jünger eintreten, nimmt den angebotenen Frieden an und begrüßt die Botschafter des Friedens. Dadurch wird sie sowohl Ansprechpartner für die Gemeinschaft, in der Frieden benötigt wird, als auch zum Ort, zu dem Gottes Friede getragen wird. Die missionarische Einbindung

138 Victor Choudhrie: »The Training of House Church Leaders«, in: Rad Zdero (Hg.): Nexus. The World House Church Movement Reader. Pasadena, CA 2007, S. 44.

der Kirche in die Gesellschaft ist in erster Linie eine Tat des Friedens. Frieden zu schaffen ist der Kern jeder politischen Mission der Kirche.

7.2 Mission, Gewalt und Frieden

Jesus sandte seine Jünger, um Frieden anzubieten (vgl. Lk 10,6). Er, der Friedensstifter, spricht seinen Jüngern Frieden zu und sendet sie entsprechend seiner eigenen Berufung (Joh 20,20-21). Er kam in die Welt, um der Welt das gute »Jahr des Herrn« zu zeigen, das Erlassjahr, das die Wiederherstellung von Schalom in persönlicher, sozialer und sogar ökologischer Hinsicht beinhaltete. In Lk 4,18-19 lesen wir:

> »Der Geist des Herrn ruht auf mir, denn er hat mich gesalbt, um den Armen die gute Botschaft zu verkünden. Er hat mich gesandt, Gefangenen zu verkünden, dass sie freigelassen werden, Blinden, dass sie sehen werden, Unterdrückten, dass sie befreit werden, und dass die Zeit der Gnade des Herrn gekommen ist.«

Die Aussage ist klar: Jesus kam, um seinem Volk den allumfassenden Frieden zu bringen, den endgültigen Zustand des inneren und äußeren Friedens. Der Apostel Paulus, der Jesus in seiner Theologie und seiner Praxis nachfolgte, drückt dies in seinem Brief an die Epheser (2,14-20) mit folgenden Worten aus:

> Denn Christus selbst brachte Frieden zwischen den Juden und den Menschen aus allen anderen Völkern, indem er uns zu einem einzigen Volk vereinte. Er hat die Mauer der Feindschaft, die uns früher trennte, niedergerissen. Durch seinen Tod hat er dem Gesetz mit seinen Geboten und Verordnungen ein Ende bereitet und dadurch Frieden gestiftet, indem er beide in sich zu einem einzigen neuen Menschen schuf. Er hat sie in einem Leib vereint und durch das Kreuz mit Gott versöhnt, sodass die Feindschaft ein Ende fand. Er ist gekommen und brachte die Botschaft des Friedens euch, die ihr fern von ihm wart, und den Juden, die ihm nahe waren. Durch das, was Christus für uns getan hat, können

wir jetzt alle, ob wir Juden sind oder nicht, in einem Geist zum Vater kommen.

Die Sendung Jesu ist in ihrem Kern eine Friedensmission. Die Jünger Christi werden gesandt, Frieden anzubieten. Sie werden gesandt, wie Jesus gesandt wurde (Joh 20,21), um denen, die nahe und denen, die ferne sind, Frieden zu bringen. Ihre Mission wird durch das qualifiziert, was Jesus getan hat, um die Welt im Konflikt mit Gott selbst zu versöhnen (2Kor 5,18-20). Er ist der Friedefürst (Jes 9,5). Über christliche Mission zu sprechen und das Thema Gewalt und Frieden zu vermeiden, ist buchstäblich unmöglich. Es ist merkwürdig, dass sich die evangelische Missiologie so wenig mit der Frage von Gewalt und Frieden beschäftigt hat. Sie scheint sich auf den inneren Frieden, die Versöhnung zwischen Gott und den Menschen zu konzentrieren. Zwischenmenschliche Konflikte, Gewalt und gesellschaftliche Missstände werden weitgehend ausgeblendet, als ob sie mit dem Auftrag Gottes nichts zu tun hätten. Natürlich gibt es Bücher und Artikel zur Missionsgeschichte, die auf die gewalttätige Geschichte der christlichen Mission hinweisen, zum Beispiel zur Zeit der Alten Kirche oder im Mittelalter. Jedoch reflektieren nur wenige missionstheologische Abhandlungen die Mission als Zeugin des Friedens.[139]

Es ist unsere Aufgabe, theologisch die Bedeutung des christlichen Friedenszeugnisses und des missionarischen Engagements für den Frieden wiederzuentdecken.[140] Die christliche Mission muss zu dem zurückkehren, was die *missio Dei*, die Mission Gottes, erfordert. Jede Einschränkung von Gottes Mission ist nicht nur problematisch; sie wird zu einem völligen Scheitern der Sendung der Kirche führen. Die historischen Beispiele dafür sind zahlreich.[141] Wir müssen die theologische

139 Siehe z.B. David J. Bosch: Transforming Mission, S. 108-113; 222-226; Alan Kreider: »Mission and Violence: Inculturation in the Fourth Century – Basil and Ambrose«, in: John Corrie; Kathy Ross (Hg.): Mission in Context. Explorations Inspired by J. Andrew Kirk, Farnham, Surrey 2012, S. 201-216.

140 Siehe hierzu: Robert L. Ramseyer (Hg.): Mission and the Peace Witness. The Gospel and Christian Discipleship, Eugene OR 2009.

141 J. Andrew Kirk: Mission under scrutinity. Confronting current challenge, London 2006, S. 133-150.

Grundlage dafür wiedergewinnen, dass unsere Mission friedensstiftend und dass der Missionar ein Friedensstifter ist. Was die friedensstiftende Mission betrifft, möchte ich auf die reichhaltige Literatur zu diesem Thema hinweisen, die in der Tradition der Friedenskirchen, insbesondere von John Howard Yoder von der Mennonitenkirche,[142] und durch die Diskussion dieser Position entstand. Unser Fokus liegt hier auf der Person[143] und dem Dienst des Missionars, der Frieden bringt.

7.3 Eine Person des Friedens fördert den Frieden

Unsere christliche Mission begann damit, dass der auferstandene Christus vor seinen Jüngern erschien. In Johannes 20,19-23 lesen wir:

> Am Abend dieses ersten Tages der Woche trafen die Jünger sich hinter verschlossenen Türen, weil sie Angst vor den Juden hatten. Plötzlich stand Jesus mitten unter ihnen! »Friede sei mit euch«, sagte er. Und nach diesen Worten zeigte er ihnen seine Hände und seine Seite. Freude erfüllte die Jünger, als sie ihren Herrn sahen. Wieder sprach er zu ihnen und sagte: »Friede sei mit euch. Wie der Vater mich gesandt hat, so sende ich euch.« Dann hauchte er sie an und sprach: »Empfangt den Heiligen Geist. Wem ihr die Sünden vergebt, dem sind sie vergeben. Wem ihr sie nicht vergebt, dem sind sie nicht vergeben.«

Der auferstandene Christus schenkt seinen Jüngern seinen Frieden und seinen Geist, bevor er sie sendet, »wie der Vater ihn gesandt hat«. Hier finden wir die beiden Bedingungen, die den christlichen Missionar

142 Siehe z.B. Yoders Klassiker: Die Politik Jesu, Maxdorf 1981 / Schwarzenfeld 2012; The Original Revolution. Essays on Christian Pacifism, Scottdale 1972; The Priestly Kingdom. Social Ethics as Gospel, Notre Dame 1984 und andere.

143 David J. Bosch weist in seinem umfassenden Beitrag zur Mission durch die Jahrhunderte auf die Paradigmenwechsel hin, die einem eingeschränkten Verständnis von Mission in einer bestimmten Zeit folgten (Bosch, Transforming Mission).

zum Friedensstifter machen: er empfängt den Frieden des Herrn und er wird mit dem Heiligen Geist erfüllt.

Zum Ersten: Die Missionare haben den Frieden des Herrn empfangen. Nur friedliche Menschen werden andere zum Frieden führen. In einer vom Frieden geprägten Welt werden persönliche Konflikte gelöst, Hass wird nicht mehr nur unterdrückt, sondern wirklich beseitigt. Untersuchungen zeigen, dass für die meisten Missionare, die im Missionsfeld scheiterten und nach Hause zurückkehrten, die Probleme nicht während der Mission entstanden – sie hatten sie bereits mitgebracht, als sie in die Mission gingen.[144] Tatsächlich gehen viele Missionare in die Mission in der Hoffnung, ihre inneren Konflikte dadurch zu lösen, dass sie ihr Leben Jesus vollständig hingeben. Aber so funktioniert es nicht. Niemand kann jemals Jesus wirklich folgen, wenn er nicht wiedergeboren wird. Jesus sagte zu Nikodemus: »Ich versichere dir: Wenn jemand nicht von Neuem geboren wird, kann er das Reich Gottes nicht sehen« (Joh 3,3). Erneuerte Menschen werden in einen Dienst der Erneuerung und Wiederherstellung eintreten! Wo Jesus Menschen erneuert und wiederherstellt, tut er dies ganzheitlich. Er versprach, seinen Jüngern Frieden von einer Qualität zu geben, wie sie die Welt nicht geben kann. In Johannes 14,27 sagt Jesus: »Ich lasse euch ein Geschenk zurück – meinen Frieden. Und der Friede, den ich schenke, ist nicht wie der Friede, den die Welt gibt. Deshalb sorgt euch nicht und habt keine Angst.«

Lassen Sie mich die Macht des Friedens an einem Beispiel veranschaulichen, das Jesus in meinem Leben gewirkt hat. Ich bin in der ehemaligen Sowjetunion aufgewachsen. Durch ein wundersames Eingreifen Jesu wurde ich Christ und trat einer evangelischen Kirche bei, die einer streng pazifistischen Theologie der Gewaltlosigkeit folgte. Als es an der Zeit war, den Militärdienst anzutreten, beschloss ich, nicht zu den Waffen zu greifen. Dies führte zu Gefängnisstrafen und harten Zeiten. Eine kleine Begebenheit veränderte mein ganzes Leben. Bevor ich Christ wurde, boxte ich und die Sowjets wussten das natürlich. Eines Tages wurde ich in das Büro eines Geheimdienstoffiziers gerufen.

144 Marion Knell: Families on the Move. Growing up Overseas – and Loving it!, Grand Rapids, MI 2001, S. 48.

Er las mir Matthäus 5,39 vor, wo Jesus sagt: »Ich aber sage: Wehrt euch nicht, wenn euch jemand Böses tut! Wer euch auf die rechte Wange schlägt, dem haltet auch die andere hin.« Er fragte mich, ob ich das, was er selbst Unsinn nannte, glauben würde. Ich bestätigte. Dann rief er einen muslimischen Jungen herein und zwang ihn, mir einen Zahn auszuschlagen. Dies wiederholte sich viele Nächte, bis viele meiner Zähne fehlten. »Sagen Sie einfach, Sie glauben nicht mehr an die Worte Jesu«, versprach der Offizier, »und wir beenden die Folter.« Ich war ein Boxer gewesen, es waren nicht der Schmerz oder die fehlenden Zähne, es war meine absolute Hilflosigkeit in dieser Situation, die mein Herz mit Hass zu erfüllen begann. Ehrlich gesagt, wenn ich gekonnt hätte, hätte ich beide getötet. Dieser Hass hat mich am meisten beunruhigt. Also ging ich weinend zum Herrn und bat ihn, mir seinen Seelenfrieden zu gewähren. Daraufhin fuhr der Geist Gottes mit einer solchen Macht in meinen Körper, dass ich mich nicht mehr auf den Füßen halten konnte. Mit ihm erfüllten unbeschreiblicher Friede und Liebe zu meinen Peinigern meine Seele. Der Hass war fort, an seine Stelle waren Friede und Liebe getreten. Zum ersten Mal in meinem Leben fühlte ich mich bereit, mein Leben um Jesu willen hinzugeben. Seitdem bin ich ein veränderter Mensch.[145]

Zum Zweiten sind die Missionare des Friedens mit dem Heiligen Geist erfüllt. Jesus selbst schenkte seinen Jüngern den Heiligen Geist und gebot ihnen, Jerusalem nicht zu verlassen, keine Dienste zu unternehmen, bis der Geist Gottes kam und sie ermächtigte (Apg 1,8). Sein Kommen auf die Erde markiert den Beginn der Kirche und ihrer Mission. Dasselbe gilt für unsere Mission der Mittlerschaft und des Friedens.

Wie das ablief, kann man in der frühen Kirche in Jerusalem sehen. Denken Sie zurück an den ersten Konflikt in der jungen Gruppe der Nachfolger Jesu. Die griechischsprachigen Witwen in der Kirche wurden übersehen. Es lag ein Konflikt in der Luft. Die Apostel mussten das Problem sofort lösen, und sie lösten es, indem sie Diakone ernannten, die für die Verteilung von Lebensmitteln zuständig sein sollten. Diese mussten weise und vom Geist Gottes erfüllt sein (Apg 6,3). Kon-

145 Die ganze Geschichte ist nachzulesen in Johannes Reimer: Der Verweigerer. Glaube im Schmelztiegel der Roten Armee, Basel 2005.

fliktlösung und alle Taten des Friedens erfordern die Gegenwart des Heiligen Geistes. Nein, es reicht nicht aus, die Probleme zu verstehen, die mit Gewalt und Konflikten verbunden sind. Nein, es reicht nicht aus, eine Ausbildung in Konfliktlösung zu absolvieren. All das kann sehr hilfreich sein, aber die christliche Friedensmission wird vom Geist geleitet. Er ist der Herr der Mission (2Kor 3,17) und unsere Friedensmission ist keine Ausnahme.

Woher gewinnt christliche Konfliktlösung und Friedensarbeit ihre Wirkkraft? Jesus versprach, seinen Geist zu senden, der die Welt von ihrer Sünde, seiner Gerechtigkeit und dem Gericht überzeugen und die Menschen in alle Wahrheit führen wird (Joh 16,8-12). Das ist die Voraussetzung für jede Friedensarbeit. Frieden kann nur erreicht werden, wo die Konfliktparteien ihr Versagen, ihre Sünde anerkennen, und wo sie das ganze und wahre Bild erkennen und begreifen, welche Folgen ein Leben voller Konflikte hat und wie vergeblich es ist. Zu den Leitprinzipien des Life and Peace Institute in Uppsala, Schweden, gehören Grundsätze wie die Kenntnis der jeweiligen Volksgruppe, deren örtlichen Gegebenheiten und Traditionen und natürlich der Art der Konflikte.[146] Die Einbeziehung von Sünde, Recht und Wahrheit ist für jede Konfliktlösung von zentraler Bedeutung. Wahrheit »integriert alle Dimensionen der menschlichen Welt – intellektuell, spirituell, emotional, akademisch und ethisch. [...] Die Wahrheit umfasst von Natur aus das ganze Leben.«[147] Nach Jesus ist es genau dies, was der Geist Gottes im Leben der Menschen tun wird, die zu ihm kommen.

Allen Friedensstiftern sei dringend empfohlen, der Führung des Geistes zu folgen. Mit dem Geist erfüllt, werden sie Worte der Offenbarung und Weisheit finden und die wahren Kräfte hinter einem Konflikt identifizieren, weil der Geist ihnen seine Gabe gibt, die Geister zu erkennen. All diese Fähigkeiten sind Gaben des Geistes (1Kor 12,8ff). Wo ihnen einige dieser Gaben fehlen, gibt es Schwestern und Brüder in Christus, die begabt und bereit sind, sich einzubringen. Die Mission des Friedens ist eine Aufgabe, die dem ganzen Leib Christi gegeben ist, und dieser Leib repräsentiert »die Fülle aller

146 Life & Peace Institute, Uppsala, Schweden: https://life-peace.org/approach-methods (09.03.2021).

147 J. Andrew Kirk: Mission under scrutinity, S. 133.

in allem« (Eph 1,23). Niemals wird diesem Leib etwas fehlen, wenn alle Glieder ihrem obersten Missionar gehorchen und folgen – dem Heiligen Geist.

7.4 Frieden stiften – das Herz von Gottes Mission

Mission bringt Frieden in die Welt. Gewalt zu überwinden und Frieden zu schaffen ist ganz offensichtlich eine wichtige Dimension unserer christlichen Mission.[148] Christliche Mission kann niemals Gewalt ausüben. Gewalt mit Gewalt zu überwinden ist für christliche Mission nie eine Option.[149] Die Kirche Christi ist Gottes prophetische Stimme und sie ist eine Stimme des Friedens. Sie ist Gottes Botschafterin der Versöhnung. Sie muss sich für die Friedensarbeit einsetzen. Ihr Friedenszeugnis ist das Herzstück ihrer Berufung.[150] Immer, wenn Christen für den Frieden gearbeitet und ihn verkündet haben, wuchs die Kirche und das Reich Gottes nahm zu. Ihr Einsatz für den Frieden war nie leicht und mehr als einmal zahlten Christen einen hohen Preis für ihre Weigerung, sich den Gewalttätern anzuschließen oder um des Königreichs willen Gewalt anzuwenden. Aber selbst dort, wo Christen starben, wurde ihr Blut zu einem Samen für Erweckung, Erneuerung und das Reich Gottes.

Wo andererseits die Kirche in Gewalt verwickelt war, verlor sie ihren Einflussbereich an andere Kräfte. Denken wir nur an den Nahen Osten und Nordafrika. Friedensarbeit ist Gottes Weg, um Raum für die Begegnung mit Menschen zu schaffen und sie mit sich selbst und miteinander zu versöhnen.

148 J. Andrew Kirk: What is Mission? Theological Explorations, London 1999, S. 143-163.

149 Siehe in diesem Zusammenhang die Diskussion in J. Andrew Kirk: Mission under scrutinity, S. 133-150.

150 Vgl. in diesem Zusammenhang Stephen B. Bevans und Roger P. Schroeders Appell in: Constants in Context: A Theology of Mission for Today. Maryknoll, NY: Orbis 2004, S. 273-275.

Auch heute gibt es zahlreiche beeindruckende Beispiele für christliches Friedensengagement, etwa in den Kämpfen in Somalia[151] oder in Südafrika, in Nepal,[152] Ruanda und Burundi, um nur einige zu nennen.

7.5 Friedensarbeit im Kontext

Wir kehren zu den einleitenden Worten dieses Kapitels zurück. Jesus sendet seine Jünger auf eine Mission des Friedens und ermutigte sie, eine Person des Friedens in einer Stadt zu finden, bei der sie einkehren, um Frieden zu bringen. Er bestimmt Mission als eine Handlung *mit den Menschen* anstatt *für die Menschen.* Die Friedensgesinnten in der Welt sind der Ausgangspunkt für unsere christliche Friedensgestaltung. Sie sind der Schlüssel zu den Menschen vor Ort, sie verstehen die Natur des lokalen Konflikts, sie sprechen die Sprache und kennen die Kultur. Der Missionar kann den Friedensprozess anstoßen und unterstützen, aber einheimische Menschen werden in diesem Prozess eine zentrale Rolle spielen müssen. Selbst wenn sie Jesus vielleicht noch nicht nachfolgen, folgen sie seinem Herzen des Friedens. Die Person des Friedens vor Ort ist zentral für ein Konzept der Mission, wie Jesus es entwirft.

Die Menschen des Friedens sind die von Gott Erwählten. Sie werden schnell erkennen, dass ihre Herzenssehnsucht aus Gottes Gnade entspringt, die ihnen auf die eine oder andere Weise zuteilwurde. Die Gemeindegründungsbewegung hat diese Form der Mission *mit* den Menschen entdeckt, doch nun sollte sie zum generellen Ansatz aller Missionen in der Welt werden, vor allem dort, wo es um Friedensarbeit geht. Frieden zu stiften ist immer ein Prozess, der diejenigen einbezieht, die Frieden brauchen, und diejenigen, die Frieden kennen.

151 Wolfgang Heinrich: Building the Peace: Experiences of Collaborative Peace-Building in Somalia 1993-1996. Uppsala 1997; Thania Paffenholz; Kristina Lundqvist: Community-based bottom-up peacebuilding, Uppsala 2003; und andere.

152 John Paul Lederach, John Darby und Madhav Joshi. In: Republica, 3.-5. Mai 2011, online: http://www.myrepublica.com/portal/index.php?action=news_details&news_id=30843 (letzter Zugriff 01.06.2015; nicht mehr verfügbar).

Friedensarbeit ist ein gemeinschaftliches Ereignis. Es dringt in eine konfliktgeladene Gemeinschaft ein und baut eine Gemeinschaft des Friedens auf.

Der biblische Bericht eröffnet uns noch eine weitere Wahrheit: Die Jünger werden gebeten, in das Haus der Person des Friedens einzukehren und dort zu bleiben. Das Haus wird zu einem Werkzeug, das die Jünger auf ihrem Missionsweg nutzen können. Hier finden sie Unterstützung, Nahrung und sogar einen Treffpunkt für alles, was sie unternehmen. All diese Ressourcen sind nicht ihre eigenen. Jesus befiehlt ihnen, lokale Mittel zu nutzen, um ihre Mission zu erfüllen.

Dies scheint mir ein entscheidender Punkt für jede christliche Mission zu sein. Nicht das, was wir den Menschen bringen, entscheidet über Erfolg oder Misserfolg, sondern das, was wir bei den Menschen selbst finden. Westliche Mission kommt oft mit einer Sponsorenmentalität daher. Die beste Methodik der Mission im Allgemeinen und der Friedensförderung im Besonderen wird im Westen entwickelt. Der Westen gibt sein Bestes – nur um herauszufinden, dass die westlichen Mittel nicht notwendigerweise in anderen Kulturen funktionieren. Schauen Sie sich nur den Irak und die Ergebnisse an, die bei einem westlichen Versuch zurückgeblieben sind, einem Land unter muslimischer Diktatur Frieden und Demokratie zu bringen. Die Lage ist heute schlimmer als je zuvor. Oder schauen Sie sich Libyen an. Die Intervention des Westens mit all seiner Arroganz ist wenig hilfreich, denn sie beansprucht Wahrheit, wo Ideologie die Gesellschaft durchdrungen hat, sogar in Missionsgesellschaften. Jedoch sollten in erster Linie die lokale Kultur und das örtliche Lebensumfeld genutzt werden, um Mission voranzutreiben. Eine Person des Friedens ist nicht nur ein Partner der christlichen Friedensmission – er oder sie eröffnet die Sprache, den kulturellen Rahmen und die Methodik. Sie ist Gottes Schlüssel zu der Gemeinschaft. Sie kennt ihr eigenes Volk. Sie sieht seine Bedürfnisse und engagiert sich für ihr Wohlergehen. Sie nimmt Ungerechtigkeit wahr und manche setzen sogar ihr Leben ein, um für Gerechtigkeit und gesellschaftlichen Wandel zu kämpfen. Sie kennen Jesus vielleicht noch nicht, aber Gott kennt sie und bereitet sie auf einen Dienst in seinem Reich vor. Wir tun gut daran, uns mit ihnen bei der gesellschaftlichen Aufbauarbeit zu verbünden. Gemeinsam werden wir für ein besseres

Leben für die Menschen um uns herum arbeiten. Wir werden lernen, einander zu vertrauen, indem wir einen gemeinsamen Arbeits- und Lebensraum schaffen.

Unser Miteinander wird jedoch die ethischen und spirituellen Unterschiede zwischen uns nicht herunterspielen; im Gegenteil, es wird uns ermutigen, sie durchzubuchstabieren, sie zu diskutieren und dabei in einem fortlaufenden Diskurs für die Wahrheit des Evangeliums einzutreten. Freunde und Partner in der sozialen und gemeinschaftlichen Entwicklung werden zu kritischen Dialogpartnern auf dem Weg zu einer angemessenen Sinnes- und Herzensänderung. Als Christen werden wir dem missionarischen Ruf Jesu immer gehorsam bleiben, die Völker zu Jüngern zu machen.

8 Die Politik der Kirche – hinaus in die Öffentlichkeit

8.1 Der Ausgangspunkt

Die Kirche hat ein politisches Mandat. Gottes Mission ist immer politisch. Sich an der Mission Gottes zu beteiligen bedeutet, sich in eine ganzheitliche Transformation der Gesellschaft einzubringen, und das ist per definitionem politisch. Die Frage ist jedoch, wie die Kirche ihr politisches Mandat füllt. Was sind die entscheidenden Merkmale ihres wirksamen Engagements in der Öffentlichkeit? Viele Kirchen stellen solche Fragen, wie z.B. die »Kirche der Hoffnung«[153] in einer deutschen Stadt. »Wir verstehen unsere Mission, Johannes«, erklärte mir der Pastor sein Dilemma. »Aber wie könnte ein sinnvolles Engagement unserer Kirche in der Stadt aussehen? Wo liegen die Chancen und Herausforderungen und wo sind Grenzen unseres Engagements? Wir beten für die Stadt, aber unser Gebet ist selten konkret, und ich vermute, es liegt daran, dass wir nicht wirklich mit den Menschen unterwegs sind.«

Ich höre diese Frage des Pastors dieser Kirche überall auf der Welt. Gibt es Kriterien, die uns helfen zu entscheiden, was richtig ist und was falsch? Dazu müssen wir verstehen, wie die Welt, in der wir leben, funktioniert. Du kannst nur das verändern, was du verstehst. Eine politisch engagierte Kirche braucht eine Theologie der Welt, um ihren Einsatz angemessen zu definieren.

Was müssen wir über die Welt wissen, damit wir verantwortungsvoll handeln können? Zwei grundlegende Einsichten werden für die missionarische Praxis der Kirche in der Öffentlichkeit von entscheidender Bedeutung sein: (a) ein theologischer Blick auf die Welt und (b) ein anthropologisches Modell der Welt.

153 Der Name wurde geändert.

8.1.1 Die drei Pole der Welt

Ein umfassendes und biblisches Bild der Welt zeigt, dass die Welt um uns herum tripolar gesehen werden muss. Sie ist zum einen Gottes geschaffene Welt. In seiner Schöpfung gibt es keine Fehler. Der Apostel Paulus behauptet sogar, dass die Menschen in der Schöpfung Gottes Wesen erkennen und ihn daraufhin anbeten können (Röm 1). Zum anderen ist die Welt auch ein Produkt menschlichen zivilisatorischen Erfindungsgeistes. Im Auftrag Gottes (1Mo 1,27) haben Männer und Frauen auf der ganzen Welt große Kulturen und Zivilisationen geschaffen und nicht alles davon ist schlecht. Einiges von dem, was Menschen geschaffen haben, ist bemerkenswert und großartig. Denken Sie nur an all die Technologie, die wir heute verwenden. Es gibt jedoch noch eine dritte Macht in der Welt – Satan und seine Dämonen, die alles Leben zerstören und alle guten Anfänge zunichte machen.

Ich möchte dies am Beispiel der Weltreligionen veranschaulichen. In der Vergangenheit war alles sehr einfach. Es gab eine klare Grenze zwischen dem Christentum, der einzig wahren Religion, und den anderen nichtchristlichen Religionen. Der niederländische Missiologe Hendrik Kraemer zum Beispiel deklariert alle nichtchristlichen Religionen als dämonisch.[154] Heute verstehen wir, dass eine solche Sicht die Dinge zu stark vereinfacht. Daher schließen wir uns dem deutschen Missiologen Peter Beyerhaus an, der ein umfassenderes, tripolares Verständnis von Religion vertritt, und der auch in anderen Glaubenssystemen die Gegenwart Gottes, menschliche Kreativität und natürlich auch dämonische Täuschung erkennt.[155] Alle Menschen suchen nach einer Erklärung des Unbekannten und sehnen sich danach, Antworten auf ihre Fragen nach dem Transzendenten zu erhalten und die Größe des Schöpfers zu erfahren. Sie werden Spuren von Gott in allen Weltreligionen finden.

154 Hendrik Kraemer: Die christliche Botschaft in einer nichtchristlichen Welt, Zürich 1940, S. 115. Kraemers Position wird kritisch vor dem Hintergrund seiner Biografie und dem Kontext seiner Zeit diskutiert in: Carl F. Hallencreutz: Kraemer towards Tambaram. A Study in Hendrik Kraemer's Missionary Approach, Uppsala 1966.

155 Peter Beyerhaus: »Zur Theologie der Religionen im Protestantismus«, in: Kerygma und Dogma 15/1969, S. 87-104.

Beyerhaus nennt dies den theonomen Faktor. Andere bevorzugen den Begriff der allgemeinen Offenbarung.[156]

Darüber hinaus haben Menschen zu allen Zeiten ihre eigenen religiösen Ideen entwickelt. Im Umgang mit dem Unbekannten gaben sie den Phänomenen Namen, entwarfen religiöse Theorien, etablierten Riten und Rituale, moralische Werte und ethische Prinzipien. Religion, so der deutsche Missiologe Theo Sundermeier, sei immer »die gemeinschaftliche Antwort des Menschen auf Transzendenzerfahrung, die sich in Ritus und Ethik Gestalt gibt«.[157] Wie bei allen menschlichen Erfindungen ist eine solche Antwort nie absolut, nie völlig falsch oder völlig richtig. Sie sind ihrem Kontext verhaftet, vorläufig und subjektiv.

Zum Dritten, sagt Beyerhaus, werden Religionen dämonisch beeinflusst, getäuscht und entstellt. Satan wird immer versuchen, die Menschen in die Irre zu führen und sie von Gott zu entfremden. Zusammenfassend lässt sich sagen, dass Religionen komplexe Realitäten sind. Es gibt keine einfache Trennlinie in Bezug auf diese Phänomene Falsch und Richtig zu trennen, ganz zu schweigen von ihren Anhängern. Es wäre unklug, den Gedanken von Gottes Gegenwart unter ihnen als falsch zu bezeichnen oder kreatives menschliches Denken auszuschließen. Zugleich wäre es natürlich völliger Unsinn, das Dämonische zu akzeptieren. Wir tun gut daran, zu unterscheiden, kritisch zu sein und gleichzeitig offen dafür zu bleiben, die unerwartete Gegenwart des Allerhöchsten selbst inmitten einer nichtbiblischen Religion zu finden! Die Realität dieser Welt erfordert einen umfassenden Ansatz. Simplifizierende theologische Konzepte sind gefährlich. Mission heute ist eine Reise zu und mit den Menschen, bei der wir der Gegenwart Gottes unter ihnen folgen, ständig umkämpft vom Feind. Gottes umfassende Präsenz in der ganzen Welt veranlasst uns, Inklusivität als eine zentrale Kategorie missionarischer Praxis anzunehmen. Der menschliche Erfindungsgeist zwingt uns, Zusammenarbeit anzustreben, während die Realität des Bösen in der Welt uns dazu zwingt, einen Kampf in Erwägung zu ziehen. Was bedeutet das in der Praxis?

---

156 Vgl. die Diskussion in Bruce A. Demarest: General Revelation: Historical Views and Contemporary Issues, Grand Rapids 1982.

157 Theo Sundermeier: Religion – Was ist das? Religionswissenschaft im Theologischen Kontext, Frankfurt/M. 2007, S. 21.

8.1.2 Die vier Stufen der Kultur

Wir sind dazu berufen, hinzugehen und die *ethnē,* die Völker, zu Jüngern zu machen (Mt 28,18-20). Der griechische Begriff *ethnos* steht, wie wir oben dargelegt haben, für einen gesellschaftspolitischen Raum. Die beste Übersetzung heute ist einfach »Kultur« – verstanden als »Strategien zur Gestaltung des menschlichen Daseins«, wie der Ethnologe Lothar Käser vorschlug.[158] Die Völker zu Jüngern zu machen heißt, die gesellschaftspolitische Realität der *Ethnien* gemäß der Lehren Jesu zu transformieren. Dazu müssen wir Kultur strukturell verstehen. Der US-amerikanische Missiologe Herbert Kane stellte fest:

> Das Verständnis der Kultur kann den Unterschied zwischen Erfolg und Misserfolg bei der Einführung neuer Ideen oder Methoden ausmachen [...]. Der Missionar [...] sollte auch über alles Wissen über das Wesen menschlicher Gesellschaft und Kultur verfügen, bevor er beginnt, neue Vorstellungen - der Medizin des sozialen Wandels - einzuführen.[159]

In seinem sehr inspirierenden Buch über den Zusammenhang zwischen Kultur und Mission unterstreicht Dennis Teague die Bedeutung des kulturellen Verständnisses als »wesentlich für das kirchliche Wachstum«.[160]

Kultur als eine bestimmte Art und Weise, das Leben zu gestalten, ist im Rahmen der kulturellen Anthropologie mehrdimensional zu verstehen. Gary Ferraro teilt den kulturellen Raum angemessen in vier Ebenen ein: (a) Dinge, die wir besitzen, oder die materielle Kultur; (b) Dinge, die wir tun, oder die soziale Kultur; (c) Dinge, die wir denken, oder die kognitive Kultur und schließlich (d) Dinge, an die wir glauben,

158 Lothar Käser: Fremde Kulturen. Eine Einführung in der Ethnologie, Bad Liebenzell 1997, S. 37.

159 Herbert Kane: Wanted: World Christians, Grand Rapids 1989, S. 64; vgl. auch Dennis Teague: Culture: The Missing Link in Missions, Manila 1996, S. 159.

160 Teague, Culture, S. 166.

oder die religiöse Kultur. Wir könnten hier auch von Religion, Weltanschauung, sozialen Werten und materiellen Objekten sprechen.[161]

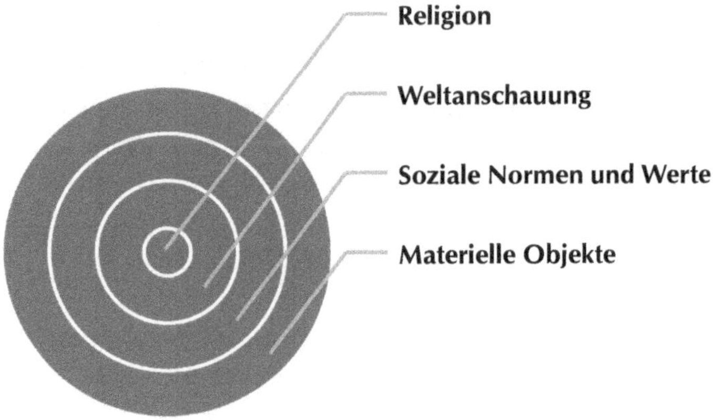

Abb. 3: Kulturelle Dimensionen

Die Anthropologie zeigt: Was wir glauben, prägt unser Denken; was wir denken, prägt unser Verhalten und was wir tun, prägt unseren materiellen Status. Wir haben, was wir tun, wir tun, was wir denken, und wir denken, was wir glauben. In dem Schaubild oben verläuft die prägende Kraft vom Zentrum zur Peripherie. Deshalb ist es so wichtig, den Glauben der Menschen zu ändern. Richtige Glaubensinhalte bringen eine angemessene Weltanschauung hervor und prägen rechtes Verhalten und konkretes Engagement. Erneuerung, sagt der Apostel Paulus, erfordert den Sinneswandel (Röm 12,1-2).

Aber wie kommt man dorthin? Wie erreichen wir Denken und Glauben der Menschen? Auch hier helfen Erkenntnisse aus der Kulturanthropologie weiter. Ethnologische Studien zeigen, dass jeder kulturelle Wandel von der Peripherie ausgeht und sich zum Zentrum vorarbeitet, denn Veränderungen sind immer Herausforderungen. Wer Änderungen umsetzen will, muss das Vertrauen der Menschen gewin-

161 Gary Ferraro: Cultural Anthropology. An Applied Perspective, Wadsworth 1998, S. 18. Stephan Dahl: »Einführung in die Interkulturelle Kommunikation«, 2001. In: http://www.intercultural-network.de/einführung (09.03.2021).

nen, und Vertrauen entsteht nicht durch Debatten und Diskussionen. Erst beim gemeinsamen Engagement für das Gemeinwohl, wo man sich über die gemeinsamen Bedürfnisse in individuellen und gemeinschaftlichen Angelegenheiten austauscht und sie kontrovers diskutiert, wächst Vertrauen. Erst wenn ein Grundvertrauen hergestellt ist, wird Veränderung möglich sein, denn Veränderung fordert immer die traditionellen Denkweisen und Glaubensinhalte heraus. Debatten und Kämpfe über Recht und Unrecht, das Risiko und mögliches Scheitern sind unvermeidbar. Die meisten Aufbrüche zur Veränderung verlieren an diesem Punkt ihr Potenzial und ihre Dynamik.

Das ist im Bereich der Mission nicht anders. Marvin Meyers spricht vom Vorschussvertrauen als Grundvoraussetzung für jede Kommunikation des Evangeliums.[162] Die Menschen werden uns nicht zuhören, und sie werden sich erst recht nicht darauf einlassen, ihre Lebensweise zu ändern, wenn sie uns nicht vertrauen, dass wir sie zur besten Botschaft der Welt leiten. Auch hier wird Vertrauen nicht dadurch gewonnen, dass wir uns auf religiöse Debatten einlassen, sondern indem wir uns bei der Transformation der Gemeinschaft einbringen, indem wir Seite an Seite mit ihnen arbeiten.

Mit anderen Worten: Mit den Menschen bei der Entwicklung eines gemeinsamen Lebensraums zu leben und zu arbeiten, ihre Bedürfnisse wahrzunehmen und gemeinsam nach Wegen zu suchen, sie zu lösen, schafft Vertrauensbeziehungen, ein Miteinander, das auch in Zeiten von Diskussionen und Stress trägt, wenn die traditionellen Weltanschauungs- und Glaubenssysteme infrage gestellt werden.

162 Marvin K. Meyers: Christianity Confronts Culture, Grand Rapids 1981, S. 32f.

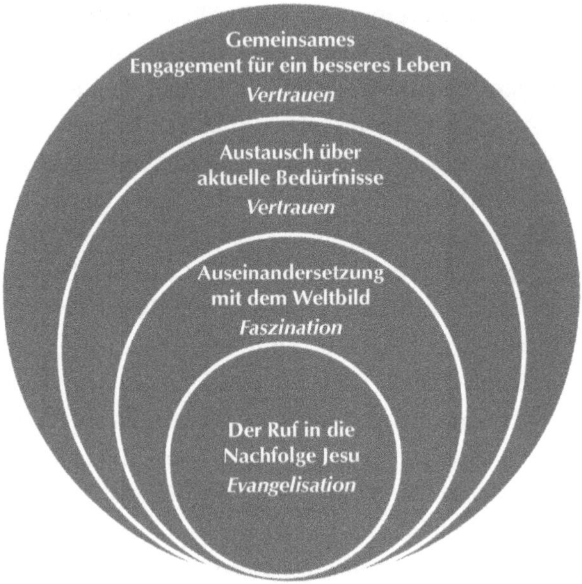

Abb. 4: Der Prozess der gesellschaftlichen Transformation

8.2 Gott in der Welt - schließe dich ihm an

Christliche Mission findet in der Welt statt – in eben der Welt, die Gott mit sich selbst in Jesus Christus versöhnen will (2Kor 5,18). Er ist der erste Missionar. Mission ist seine Idee und sein Werk,[163] seine Herzensangelegenheit.[164] Jeder, der die Welt der Mission betritt, wird sich Gott in seiner Mission anschließen müssen. Gott ist immer der Erste! Er ist überall gegenwärtig, auch unter denen, die ein rebellisches Leben führen. Er ist das Lebensprinzip der Welt, er allein erhält sie. Wenn man ihn herausnimmt, wird die Welt vergehen.

Kirche, die an politischer Mission beteiligt ist, wird sich Gott in seiner Mission in der Welt anschließen müssen. Er ist der entscheidende Faktor in jeder Mission. Die Kirche kann nur an dem teilhaben, was er tut. Dazu muss sie ihren Blick schärfen und erkennen, wo Gott

163 Georg Vicedom: Missio Dei – Actio Dei, Nürnberg 2002, S. 32.
164 Escobar, La Palabra, S. 86.

bereits handelt. Wir können uns nur anschließen, wenn wir wissen, wo und wofür. Nur wenige Kirchen haben sich die Frage gestellt, wo Gott in ihrer Gesellschaft wirkt, welche missionarischen und politischen Akzente er setzt. Seinen Jüngern sagte Jesus, dass sich das Gericht am Ende der Zeit auf Fragen des gesellschaftlichen Engagements konzentrieren werde (Mt 25,14-46). Es ist also wichtig zu wissen, wo Gott in unserer Stadt wirkt.

Wie können wir das erkennen? Wer sagt uns, wo Gott im Moment an der Arbeit ist? Erinnern wir uns an Jesus. Er war noch ein Kind, als er mit seinen Eltern nach Jerusalem reiste. Dort verloren ihn die Eltern aus den Augen. Als sie ihn nach tagelanger intensiver Suche endlich fanden, war Maria, seine Mutter, ein wenig verärgert über ihren Sohn. Und Jesus? Was hat er geantwortet?: »Wusstet ihr nicht, dass ich in dem sein muss, was meines Vaters ist?« (Lk 2,49).

Es scheint so einfach zu sein. Kenne das Herz deines Sohnes und du wirst ihn dort finden, wo er hingehört. Kenne das Herz Gottes, und es wird nicht schwer sein zu wissen, wo er ist. Der gerechte Gott wird dort sein, wo die Menschen nach Gerechtigkeit schreien, der gerechte Herr wird bei denen bleiben, denen ihr Recht genommen wurde. Gott wird dort sein, wo sich die Bedürftigen sammeln, wo die Unterdrückten ihre Tränen weinen und wo die Kranken nach einem Arzt suchen. Wenn wir Gottes Herz kennen, finden wir ihn dort, wo er handelt.

Außerdem kann die Kirche ihn einfach fragen. Wir wissen, dass er die Stimme derer hört, die sich ihm anschließen wollen. Er öffnet die Tür, wenn wir anklopfen und um Erlaubnis bitten, einzutreten (Mt 7,7). Natürlich setzt das eine persönliche Beziehung zu Gott voraus, aber wurde nicht der Geist Gottes zu uns gesandt, um genau das zu erreichen? Er kam, um die Jünger Christi in die ganze Wahrheit zu führen. Fragen wir ihn!

Die »Kirche der Hoffnung«, die ich oben erwähnte, musste diese erste grundlegende Lektion lernen: Als Kirche folgen wir Gott in seinem Engagement in der Welt. Wir verbinden uns mit ihm. Wir arbeiten auf Gottes Reich hin, auf seine Herrschaft. Er legt die Tagesordnung fest; er bestimmt Mittel und Methoden und übernimmt die Führung für jeden missionarischen Schritt, den wir in der Öffentlichkeit unternehmen. An dem Tag, an dem sie das verstanden, änderte sich alles.

»Heute entdecken wir Gott an so vielen Orten in unserer Stadt«, sagt der Pastor. »Wir begannen, Gebetsspaziergänge durch die Stadt durchzuführen, einmal im Monat. Dabei bitten wir ihn, uns an Orte zu führen, an denen er aktiv ist. Und selbstverständlich hat er uns diese Orte gezeigt. Er ist bei den Flüchtlingen, den Arbeitslosen, den Menschen auf der Straße ohne Unterkunft und vielen, vielen anderen in der Stadt. Wir wurden zu gescheiterten Geschäftsleuten, zu depressiven Politikern, Lehrern, Psychologen geführt, und so weiter und so weiter. Dass wir uns Gott bei seiner Arbeit angeschlossen haben, ist für uns alle zum Segen geworden. Es ist leicht, hart zu arbeiten, wenn man weiß, dass Gott selbst mittendrin ist.«

Die politische Sendung der Kirche ist vor allem durch ihre Verbindung zu Gott geprägt, wo er in Aktion ist. Sie wird ihren priesterlichen, königlichen und prophetischen Dienst gut tun können, wenn sie die Führung Gottes, des Geistes, annimmt und die Werke tut, die Jesus getan hat.

8.3 Die Menschen in der Welt – tu dich mit ihnen zusammen

Gott verwirklicht seine Mission in der Welt unter den Menschen, die wiederum nach seinem Bild geschaffen sind. Sie sind dazu bestimmt, die Welt zu regieren und zu bebauen (1Mo 1,27-28). Sich Gottes Mission anzuschließen bedeutet, die Menschheit als den entscheidenden Ausgangspunkt für Gottes Mission in der Welt zu verstehen und zu übernehmen.

In missiologischen Kreisen besteht der Konsens, dass jede Mission ein Sich-Einlassen auf die Kultur, Kontextualisierung und Inkulturation erfordert. Man kann Menschen mit dem Evangelium nicht erreichen, ohne ihre Sprache, Rituale und Regeln, Werte und andere religiöse und kulturelle Umgebungen zu kennen. Nur wenn wir die Menschen verstehen, können wir damit beginnen, mit ihnen sinnvoll zu kommunizieren, sodass sie verstehen, was wir sagen wollen. Die Mission der

Kirche ist für die Menschen, und die Kirche ist »Gemeinde für die Welt«,[165] oder wie Dietrich Bonhoeffer es ausdrückt: »Die Kirche ist nur Kirche, wenn sie für andere da ist [...] Sie muß an den weltlichen Aufgaben des menschlichen Gemeinschaftslebens teilnehmen, nicht herrschend, sondern helfend und dienend.«[166]

Aber wie finden wir die Eintrittspforten in eine fremde Kultur? Wie werden wir zu einer *Kirche für andere,* ohne in das »Hilfssyndrom christlicher Pro-Existenz« zu verfallen, wie Theo Sundermeier, der Bonhoeffers Formulierung und ihren liberal-humanistischen Hintergrund reflektiert, kritisch anmerkt.[167] Zu oft wusste die *Kirche für andere* besser, was diese brauchten, und der Helfer dominierte bald die Hilfebedürftigen. Politische Transformation verwandelte sich in politische Vorherrschaft. Sundermeier schlug daher vor, wir sollten, anstatt über eine Kirche *für* andere zu sprechen, über eine Kirche *mit* anderen sprechen.[168] Nicht die »Pro-Existenz« ist in der Mission gefragt, sondern die »Konvivenz«, das Mit-Leben.[169]

In ähnlicher Weise schlägt Sandra Gourdet vor, dass Identifikation mit den Menschen nur durch eine konkrete Teilhabe an deren Lebensalltag erreicht werden kann. Das heißt: Wir müssen weniger *für* sie arbeiten, sondern *mit* ihnen.[170] Ohne die Nähe zu den Menschen werden wir keine angemessenen Wege der missionarischen Kommunikation entwickeln können, weil wir nicht in der Lage sind, von und mit ihnen zu lernen.[171] Gemeinsam mit denen zu lernen, die wir verwandeln

165 Karl Barth, Kirchliche Dogmatik IV/3, 2. Hälfte, § 72, Abschnitt 2 (Überschrift), Zürich 1959, S. 872.

166 Dietrich Bonhoeffer: Widerstand und Ergebung, DBW Band 8, Gütersloh 1989, S. 560.

167 Theo Sundermeier: »Konvivenz als Grundstruktur ökumenischer Existenz heute«, in: Ökumenische Existenz heute 1/1986, S. 65; vgl. auch Bosch, Transforming Mission, S. 375.

168 Sundermeier, Konvivenz, S. 62ff.

169 Sundermeier, Konvivenz, S. 65.

170 Sandra Gourdet: »Identification in Cultural Communication«, in: Missionalia 24/3, 1996, S. 407f.

171 David J. Hesselgrave: Communicating Christ Cross-Culturally: An Introduction to Missionary Communication, Grand Rapids 1991, S. 46.

wollen, ist eine entscheidende Voraussetzung für jede wirksame Mission, einschließlich der politischen.[172]

Transformation braucht einen offenen Raum, in dem alle am Prozess Beteiligten willkommen sind, ihren Beitrag ohne Einschränkungen mitzuteilen. Ein solch offener Raum setzt eine Willkommenskultur voraus[173] und diese setzt wiederum Klarheit über die Ziele und Mittel der Mission voraus.

Dies ist also unser zweites Merkmal angemessenen politischen Engagements der Kirche – sie geschieht als Mission gemeinsam mit den Menschen in einer partizipativen Art und Weise, dienend aber niemals herrschend. Die »Kirche der Hoffnung« musste diese grundlegende Lektion lernen. Als sie entdeckten, wie Gott in der Öffentlichkeit am Werk war, begannen sie, mit den Menschen zu teilen und ihnen zu dienen. Die Bedürftigen nahmen ihre Hilfe dankbar an, schlossen sich aber Gott und der Kirche nicht an. Überrascht von einer solchen Wendung bat der Pastor um Rat. Ich erinnere mich, dass ich ihn fragte: »Glaubst du, die Menschen mögen den Nikolaus?« »Klar, jeder liebt den Nikolaus und seine Geschenke«, antwortete er. »Aber teilen sie seinen Alltag?«, fragte ich ihn weiter. Er stimmte sofort zu: Den Menschen wie ein Nikolaus zu dienen, verleiht ihnen keine Würde. Stattdessen macht es sie zu abhängigen Bettlern und damit noch schwächer als sie waren, bevor sie die Christen kennenlernten. »Was sollen wir also tun?«, fragte mich der Pastor. An diesem Punkt erklärte ich ihm die vier Ebenen der Kultur und wie Veränderung in einer Kultur funktioniert. »Man beginnt damit, gemeinsam zu dienen, miteinander zu reden und gemeinsam für die richtige Lösung zu kämpfen. So entsteht Vertrauen. Ohne Vertrauen wird es keine wirkliche Veränderungsbereitschaft geben.« Daraufhin änderte die Kirche ihre Vorgehensweise. Zunächst schlossen sie sich bereits bestehenden Gemeindeentwicklungsprojekten an, später initiierten sie eigene Projekte, immer ge-

172 Jacob Loewen: Culture and Human Values. Christian Interpretation in Anthropological Perspective, Pasadena, 1977, S. 36; s. auch: Gourdet, Identification, S. 407; Paul G. Hiebert: Anthropological Insights for Missionaries, Grand Rapids 1985, S. 81f.

173 Mehr zum Konzept der Teilnahme an einer Willkommenskultur vgl. Johannes Reimer: Hereinspaziert. Willkommenskultur und Evangelisierung, Schwarzenfeld 2013, S. 140ff.

meinsam mit anderen gesellschaftlichen Akteuren. Um die Menschen zu gewinnen, wurde der Apostel Paulus den Juden ein Jude und den Nichtjuden ein Heide. Wie Jesus vor ihm wollte er sich unter die Menschen mischen, mit ihnen und für sie leben und so einige für die Herrlichkeit Gottes gewinnen, wie er sie selbst erlebt hatte. Die »Kirche der Hoffnung« fand für sich eine ähnliche Vorgehensweise.

Eine Theorie des Wandels, wie sie in der Ethnologie dargelegt wird, funktioniert nur inklusiv. Nur wenn man bei den Menschen bleibt, mit den Menschen zusammenarbeitet, mit ihnen im Dialog steht und die relevanten Themen diskutiert, ist es möglich, Veränderung herbeizuführen.

Man könnte einwenden: »Hier geht es um Ethnologie und eine Theorie der interkulturellen Kommunikation – die christliche Mission speist sich jedoch aus biblischen Quellen.« Natürlich reicht es nicht aus, die Zusammenarbeit mit den Nicht-Glaubenden als vertrauensbildende Maßnahme nur aufgrund der Lehren der Kulturanthropologie zu begründen. Wo also rät die Bibel, mit den Sündern zusammenzuarbeiten, um sie aus ihrer Gefangenschaft zu befreien? Gibt es biblische Hinweise auf eine Mission *mit* den anderen?

Die Antwort ist eine zweifache: (a) Wir müssen die dauerhafte Gültigkeit des kulturellen Mandats beachten, das der gesamten Menschheit erteilt wurde; (b) Wir orientieren uns an Jesus, dem Ursprung und Hauptakteur von Mission und Evangelisation.

Zum ersten Punkt: Wir haben vorgeschlagen, unsere Mission mit der materiellen und sozialen Transformation einer Gemeinschaft gemeinsam mit den Menschen dieser Gemeinschaft zu beginnen. Durch den Einsatz von Werkzeugen für kommunale Entwicklung können wir Vertrauen zu den Menschen schaffen, was zu einer tieferen Ebene der Mission und Evangelisation führen kann. Das Mandat, dies gemeinsam zu tun, finden wir in 1. Mose 1,27, im kulturellen Mandat.[174] Gott beauftragt den Menschen, das Land zu bebauen und über die Erde zu herrschen. Dieser Auftrag wurde nie zurückgenommen. George W. Peters betont: »Der Mensch ist verantwortlich für den Aufbau einer

174 George W. Peters: Missionarisches Handeln und biblischer Auftrag. Eine Theologie der Mission, Bad Liebenzell, 2. Aufl. 1985, S. 188.

gesunden Kultur, in der er als wahrhaft menschliches Wesen gemäß der moralischen Ordnung und dem schöpferischen Zweck Gottes leben kann.«[175] Er gilt noch immer für alle Menschen. Der beste Beweis dafür sind die auch heute von Menschen geschaffenen Kulturen und Gesellschaften. Schauen Sie sich nur um: Einige buddhistische Japaner kennen Jesus vielleicht noch nicht, aber sie erkennen den Wert von Kultur und sinnvollen gesellschaftlichen Strukturen. Die beeindruckendsten kulturellen Errungenschaften finden sich im konfuzianischen China und die ersten Menschen, die den Weltraum eroberten, waren kommunistische Russen. Seine religiöse Orientierung hat den Menschen nicht daran gehindert, kulturell aktiv zu sein. Der Apostel Paulus schreibt: »Alle Regierungen haben ihre Vollmacht von Gott« (Röm 13,1). Wir arbeiten gemeinsam für ein besseres Leben, denn dies ist eindeutig Gottes Wille, und sein Wille kommt in seinem kulturellen Auftrag zum Ausdruck. Dieser Auftrag gilt allen Menschen, unabhängig davon, ob sie Jesus nachfolgen oder nicht. Es ist nicht nur möglich, mit anderen an materiellen und sozialen Fragen in der gesellschaftlichen Entwicklung zu arbeiten. Es ist unsere Pflicht!

Zum zweiten Punkt: Wir orientieren uns an Jesus. Sein Leben begann mit einer Überraschung: Nicht die geistlichen Führer Israels, sondern die heidnischen Magier aus dem Osten waren die ersten, die seine göttliche Geburt bemerkten. Jesus, der zu den verlorenen Schafen des von Gott erwählten Volkes gesandt wird, vermied es in seinem späterem Dienst, sich mit der religiösen Elite zu verbünden; stattdessen rief er Fischer, Zöllner oder sogar eine in seiner Zeit als minderwertig betrachtete Frau in die Nachfolge. Die religiöse Elite beobachtete seine Art, sich in die Gemeinschaft einzubringen, und warf ihm vor, mit Sündern zu essen und zu trinken (Lk 19,7). Seine Bereitschaft, das Potenzial einer Glaubensgemeinschaft zu entdecken, ging weit über Israel hinaus. Er lobte einen römischen Soldaten für seinen Glauben und gebrauchte einen Samariter als Beispiel für Liebe und Fürsorge für die Bedürftigen (Lk 10,25-37). So ist der Ausdruck »Guter Samariter« sogar zum Inbegriff für Fürsorge geworden. Jesus führte ein Gespräch mit einer Prostituierten, und alle Bewohner der samaritanischen Stadt

175 Peters, Missionarisches Handeln, S. 188.

Sychar kamen hinaus, um ihn zu sehen (Joh 4,1ff). Er befahl seinen Jüngern, eine Menge von fünftausend Mann zu speisen, wohl wissend, dass die einzige Nahrung – fünf Brote und zwei Fische – im Korb eines kleinen Jungen gefunden würde, der nicht zu seinen Nachfolgern gehörte und der Teil derselben Menge war, die von den Jüngern gespeist werden sollte (Mk 6,35-44). Die Jünger haben nichts zu essen dabeigehabt. Nichts! Und der kleine Junge ist kein Jünger. Jesus befahl also seinen Jüngern, ihm zu bringen, was die Gemeinschaft zu bieten hatte. Und wir wissen, wie die Geschichte ausging: Alle wurden satt und es waren noch zwölf Körbe voller Reste übrig. Die Botschaft der Geschichte ist klar: Verlass dich nicht auf das, was du hast, sondern arbeite mit denen zusammen, zu denen du gesandt bist.

Einige Zeit später wird Petrus gebeten, in das Haus von Kornelius zu gehen, einem römischen Offizier. Gott hat auf seine Weise mit diesem Menschen gearbeitet, und Petrus wird gebeten, ihn zu Christus zu führen. Dazu muss Petrus, der Jude, erst von Gott überzeugt werden: Durch eine besondere Vision von unreinen Tieren, die Gott ihm zu essen befahl. Dies wurde durch die Aussage gerechtfertigt, dass das, was Gott rein macht, rein ist (Apg 10,1-30).

Es ist offensichtlich: Jesus vermied es nicht, mit Sündern und Nichtjuden zusammenzuarbeiten. Sein Verhalten ermutigt uns, dasselbe zu tun, denn wir sind gesandt, wie er von seinem Vater gesandt wurde (Joh 20,21).

Es gibt also eine klare biblische Rechtfertigung für eine kirchliche Mission *mit* den Menschen. Es gibt aber auch eine klare Warnung. Der Apostel Paulus warnt seine Anhänger davor, ihren Nacken unter ein gemeinsames Joch mit Ungläubigen zu beugen (2Kor 6,14-18). In Vers 14 sagt er: »Macht keine gemeinsame Sache mit Ungläubigen. Wie kann die Gerechtigkeit sich mit der Gesetzlosigkeit zusammentun? Wie kann das Licht mit der Finsternis zusammenleben?« Bedeutet dies, dass Paulus jede gemeinsame Aktion oder gute Tat verbietet? Sicherlich nicht. Der Abschnitt bezieht sich nicht auf irgendeine Form von sozialem Engagement, sondern auf Handlungen, die der Gerechtigkeit nicht entsprechen und zu Ungerechtigkeit oder Gesetzlosigkeit führen.[176] Paulus warnt davor, die Integrität des Glaubens zu gefährden.[177] Die Warnung ist offensichtlich: Die Kirche *in* der Welt darf ihren Status, nicht *von der* Welt zu sein, nicht gefährden (Joh 17,16). In all ihrer Schwäche ist sie ein »heiliges Volk« (1Petr 2,9-10), eine alternative Gemeinschaft, Gottes prophetische Stimme in der Welt, ein Zeichen des Reiches Gottes.

Es ist eine Spannung, sowohl in der Welt mit den Menschen als auch gleichzeitig anders als die Menschen nicht von der Welt zu sein. Dies wird nach David Bosch der normale Zustand einer missionarischen Kirche in einer Welt der Rebellion, der Ungerechtigkeit und des Unglaubens sein.[178] So ist die Kirche aufgerufen, kritisch zu beurteilen, was sie sein will, wo sie sein will und was wann zu tun ist.

8.4 Die Festungen der Finsternis – kämpfe gegen sie

Mission findet im Feindesland statt. Politisches Engagement weicht der Konfrontation nicht aus. Ungerechtigkeit setzt voraus, dass ungerechte Menschen an der Macht sind, die selten leicht loslassen. Israel hat dies jahrhundertelang unter Beweis gestellt und es unterlassen, das überaus gerechte Sozialgesetz des Erlassjahrs umzusetzen, und sobald Jesus dieses Thema ansprach, suchte die Führungsschicht nach Wegen, ihn loszuwerden. Darüber hinaus sind Menschen Opfer von Täuschung durch Geister. Der Apostel Paulus macht deutlich, dass wir niemals gegen Fleisch und Blut kämpfen. Nicht Menschen täuschen die Welt – sie werden getäuscht. Die Feinde, gegen die wir kämpfen, sind Mächte und Strukturen der Dunkelheit von dämonischer Natur. Der Apostel schreibt: »Denn wir kämpfen nicht gegen Menschen aus Fleisch und Blut, sondern gegen die bösen Mächte und Gewalten der unsichtbaren

---

176 Vgl. in diesem Zusammenhang die Diskussion dieser Stelle in Philip E. Hughes: The Second Epistle to the Corinthians, NICNT, Grand Rapids 1962, S. 244-248; Paul Barnett: The Second Epistle to the Corinthians, NICNT, Grand Rapids 1997, S. 344-355; Ralph P. Martin: 2 Corinthians, Word Biblical Commentary, Vol 40, Waco 1986, S. 190-200.

177 Hughes, The Second Epistle to the Corinthians, S. 246; Martin: 2 Corinthians, S. 197.

178 Bosch, Transforming Mission, S. 390ff.

Welt, gegen jene Mächte der Finsternis, die diese Welt beherrschen, und gegen die bösen Geister in der Himmelswelt« (Eph 6,12).

Das Böse findet immer Wege, die menschliche Politik zu missbrauchen, um seine sündigen Strukturen zu etablieren. Die Kirche wird ihre Stimme erheben, um diese Mächte zu benennen, wohl wissend, dass Jesus gekommen ist, um alle Festungen des Feindes zu zerstören. Es ist auch Teil ihres Dienstes in der Welt, dämonische Kräfte mit Gebet und Fasten niederzuringen. So durchdringt die spirituelle Dimension alle politischen Aktionen der Kirche. Sie kann ihre Mission niemals auf eine rein soziale Ebene reduzieren. Als Gottes Akteurin der politischen Transformation bringt sie viel mehr mit als das. Begabt mit dem Geschenk, die Geister zu unterscheiden, wird sie in der Lage sein, die wirkenden Kräfte zu identifizieren und die Mächte auszutreiben, die eine negative Entwicklung der Gesellschaft bewirken. Dabei wird sie Festungen zerstören, gegen die keine politische Macht jemals antreten kann.

Hier sehen wir das dritte Merkmal missionarischen Engagements der Kirche in der Gesellschaft – den geistlichen Kampf um das Wohlergehen eines Volkes. »Wir haben noch nie so hart gebetet und gefastet wie heute«, sagt der Pastor der »Kirche der Hoffnung«. »Es gibt Strukturen, die sich wirklich wünschen, wir würden in aller Stille weggehen und unsere Religion als Privatsache leben. Ich weiß, dass dies Satan und seine Dämonen sind. Sie haben Angst, dass wir zum Licht der Stadt werden, denn dann muss die Dunkelheit fliehen. Sie fürchten, dass wir Gottes *ekklēsia* werden, denn dann werden die Kräfte der Finsternis nicht siegen. Und ich sage dir – wir sind seine *ekklēsia*!«

9 Die Politik der Kirche – ein Praxismodell

9.1 Die Notwendigkeit einer Praxistheorie

Mission in der Welt ist immer Mission in einem bestimmten Kontext. Die gesamte Missionstheologie muss kontextuell sein. Das Leben in verschiedenen Gesellschaften ist grundsätzlich unterschiedlich und es sind kontextuelle Faktoren, die das politische Handeln der Kirche in der Öffentlichkeit bestimmen. Die Kirche muss den Kontext analysieren und die konkreten Probleme der Menschen verstehen, um in der Gesellschaft relevant zu sein und eine bestimmte Umgebung mit dem Evangelium zu erreichen. Die Transformation eines gegebenen sozialen Raumes setzt die Kenntnis der Bedingungen voraus, die den Kontext prägen und beherrschen. Eine solche kontextuelle Theologie zu verstehen bedeutet, mit ihrer dreifachen Formel zu arbeiten, wie sie 1979 von der Konferenz der lateinamerikanischen Bischöfe in Pueblo, Mexiko, vorgestellt wurde: *Sehen – Urteilen – Handeln.* Leonardo Boff formulierte den Ansatz in theologischer Hinsicht wie folgt:[179]

1. Analyse der Wirklichkeit in einem gegebenen Kontext.
2. Hermeneutische Interpretation dieser Wirklichkeit nach den Kriterien des Glaubens.
3. Aktionsplan für die Praxis.

Jede gute Theologie der Mission wird einer solchen oder einer ähnlichen Formel folgen. Sie kommt aus der Praxis und führt zur Praxis des Lebens. Sie stellt die Fragen, die die Menschen wirklich haben, und sie versucht, auf der Grundlage dessen, was Gott uns in seiner Heiligen Schrift offenbart, angemessene Antworten des Glaubens zu geben

179 Leonardo Boff: Aus dem Tal der Tränen ins gelobte Land. Der Weg der Kirche mit den Unterdrückten, Düsseldorf 1982, S. 184f.

und gleichzeitig die Erfahrungen der christlichen Generationen vor uns mit einzubeziehen. Eine solche Theorie ist relevant, weil sie in einem realen Kontext entsteht, und sie ist theologisch verantwortlich und angemessen, weil sie die Wirklichkeit durch die Brille der Offenbarung Gottes interpretiert. Sie ist eine Theologie, die dem Wort Gottes und den Bedürfnissen der Menschen treu bleibt. Wie formulieren wir eine solche handlungsorientierte Theorie in der Praxis?

9.2 Der Praxiszyklus – hin zu einer kontextuellen Theologie des politischen Engagements

Eine angemessene missionspolitische Beteiligung braucht einen Ansatz, der in einer »Theologie, die zur Praxis führt«, resultiert.[180] An der Universität von Südafrika wenden wir den sogenannten Praxiszyklus der Missionstheologie an, wie er von Marge Karecki entwickelt wurde.[181] Der Zyklus verwendet die Grundstruktur des »pastoralen Zyklus«[182] und beschreibt fünf Schritte eines theologischen Prozesses:[183]

1. Beteiligung
2. Kontextanalyse
3. Theologische Reflexion
4. Spiritualität
5. Planung

180 J.N.J. (Klippies) Kritzinger: »Who Do They Say I Am?«, in: An African Person in Making, Festschrift for Prof. Willem Saayman, Pretoria 2001, S. 14ff.

181 Kritzinger, What do they say, S. 147; Marge Karecki: »Teaching Missiology in Context: Adaptions of the Pastoral Circle«, in: F. Wijsen; P. Henriot; R. Mejia (Hg.): The Pastoral Circle Revisited: A Critical Quest for Truth and Transformation, Nairobi 2005, S. 159-173.

182 Joe Holland and Peter Henriot: Social Analysis. Linking Faith and Justice, Maryknoll 1983.

183 Kritzinger, What do they say, S. 149.

Die Arbeitsschritte sind zyklisch geordnet, die Reihenfolge kann also bei Bedarf geändert werden, oder man geht so lange von einem Schritt zum anderen hin und her, bis das gewünschte Ergebnis erreicht ist.

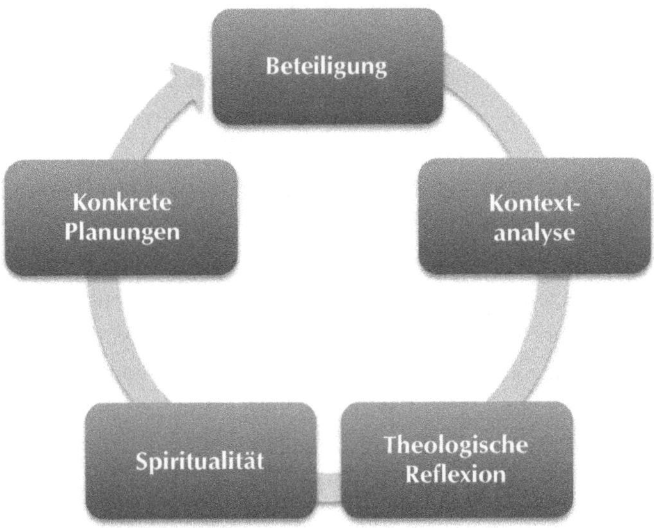

Abb. 5: Der Praxiszyklus nach J.N.J. Kritzinger

Der südafrikanische Theologe J.N.J. Kritzinger stellt fest, dass verantwortungsvolle Theologie immer nach Wegen für die Umsetzung ihrer Ziele suchen muss, die dem Kontext der Menschen entspringen, für die diese Theologie gedacht ist. Sie muss sich auf das Missionsfeld begeben, um angemessene Lösungen zu finden. Theologische Arbeit beginnt daher damit, am Leben der Menschen teilzunehmen. Zu den Menschen zu gehen bedeutet, mit Jesus die entscheidende Frage zu stellen: »Für wen halten mich die Leute?« (Mk 8,27-29). Erst wenn wir darauf eine Antwort erhalten, können wir fragen: »Für wen halten wir ihn?« Die Antwort auf die erste Frage setzt natürlich ein intensives Bemühen um ein Verständnis für die Kultur und das Leben der Menschen voraus, die wir ansprechen wollen. Ohne einen solchen Kontext ist jede theologische Reflexion, gelinde gesagt, problematisch, und die Mission ist zum Scheitern verdammt. Das Evangelium wird nur dann als gute Nachricht verstanden werden, wenn sie in den Begriffen der lokalen

Sprache und Kultur formuliert wird. Die Theologie muss Fragen des konkreten Lebens reflektieren und die biblische Offenbarung in den Lebenskontext einer bestimmten Gesellschaft übertragen, um relevant zu sein. Diese Kontextorientierung schließt historische Reflexionen nicht aus. Zu wissen, wie die Kirche in ihrer 2000-jährigen Geschichte theologisch in einer gegebenen Situation gehandelt hat, ist nicht nur hilfreich, sondern notwendig. Noch stärker muss die Lehre der Bibel berücksichtigt werden. Ein solcher historischer Diskurs ist jedoch noch kein theologisches Programm für die Gegenwart. Er liefert den Hintergrund und klärt die Perspektive. Eine Theologie für die Menschen wird jedoch einen Transfer dieser Erkenntnisse in ihren aktuellen Kontext erfordern. Die Frage: »Was sagt die Tradition zu den Herausforderungen der Gegenwart?« muss zu der Frage führen: »Was sagen wir heute zu den Herausforderungen, vor denen wir stehen?« Theologie ist immer die Kunst der Übersetzung der ewigen Wahrheit in den Kontext von heute. Sie ist ein Kommunikationsprozess, der die Menschen in ihrem jeweiligen Kontext zur Beteiligung einlädt. Matthias Scharer und Bernd Jochen Hilberath schlagen daher vor, Theologie generell als Kommunikation zu betrachten.[184]

Theologie ist natürlich mehr als menschliche kontextbezogene Reflexion. Sie spiegelt die Offenbarung Gottes wider und ist als solche angewiesen auf das Wirken des Geistes Gottes, der seine Kinder in alle Wahrheit führt (Joh 16,13). Gute Theologie ist immer pneumatisch. Kritzinger setzt voraus, dass alle christlichen Theologen die Gegenwart des Heiligen Geistes als Ausgangspunkt ihrer theologischen Arbeit erfahren. Ihre Spiritualität wird sich in drei spezifischen Einstellungen ausdrücken:

1. Eine generelle Bereitschaft, in allem, was sie tun, die Stimme des Heiligen Geistes als die entscheidende Stimme wahrzunehmen.
2. Persönliche Erfahrungen mit Gott, die alle Lebensbereiche einschließen. Gott ist gegenwärtig, nicht nur als eine intellektuelle

184 Matthias Scharer; Bernd Jochen Hilberath: Kommunikative Theologie. Eine Grundlegung, Mainz 2002, S. 28f.

Übung, sondern als eine lebendige und alles umfassende Realität.
3. Ein tiefes Bewusstsein für ihre Verantwortung und Respekt für die Menschen, mit denen sie leben und für die sie arbeiten.

Das Doppelgebot der Liebe, Gott zu lieben und seinen Nächsten wie sich selbst, geht über den Kreislauf der kontextuellen Theologie hinaus und ist Kennzeichen seiner Spiritualität.

So führt eine angemessene theologische Arbeit schließlich zur Praxis. Das Wort muss Fleisch werden, um den Menschen Gottes Herrlichkeit zu offenbaren (Joh 1,1.14). Kontextuelle Theologie ist nie ein theoretisches Konzept als solches, sondern eine Praxistheorie, eine Handlungstheorie, die auf Anwendung abzielt. Sie ist eher eine Theologie des Handelns als des Denkens. Die Planung von konkreten Handlungsschritten muss daher zu einem wesentlichen Bestandteil jeder theologischen Arbeit werden. Zudem werden Planung und Ausführung zu einer Evaluation führen und damit eine neue Runde tieferer Reflexion eröffnen. Der Kreis wird zu einer Spirale und Theologie zu einem handlungstheoretischen Prozess.

In der Praxis wird eine Kirche, die sich in die Öffentlichkeit begibt, die Menschen in ihrer Umgebung aufsuchen. Sie wird eine Kontextanalyse durchführen, um die drängenden Themen des aktuellen Alltags zu erkennen, diese theologisch vor dem Hintergrund der biblischen Offenbarung und der theologischen Tradition im engen Gespräch mit dem Geist Gottes reflektieren, ihre Erkenntnisse in sprachliche und kulturelle Begriffe des Volkes übertragen, daraufhin konkrete Handlungsschritte planen und schließlich gemeinsam mit den Menschen handeln.

9.3 Gemeinsam handeln – hin zum partizipativen Engagement

Die Mission einer Kirche *mit* anderen ist sowohl inklusiv als auch exklusiv. Nach dem Modell für Wandel, wie es uns die Ethnologie beschreibt, werden wir unser Engagement auf der materiellen und sozialen Ebene von Kultur und Gesellschaft inklusiv gestalten. Auf der

Ebene der kognitiven Weltanschauung werden wir kritisch und prophetisch agieren und im geistlichen und religiösen Bereich liebevoll evangelisieren. Eine solch umfassende Mission nimmt selbstverständlich nicht über Nacht Gestalt an. Sie braucht Zeit, vertrauensbildende Maßnahmen, gegenseitiges Verständnis und eine Atmosphäre des Dialogs. Mission ist hier ein Weg, ein Prozess in mehreren Schritten.

1. Sie beginnen mit dem Dienst, indem Sie sich mit anderen sozialen Akteuren in einer bestimmten Gemeinschaft zusammentun, um sich für eine Verbesserung der Lebensverhältnisse zu engagieren.
2. Im zweiten Schritt treten Sie in einen Dialog mit den Menschen ein, denen Sie dienen wollen und mit denen Sie gemeinsam dienen, und klären die Themen, die für die betreffende Gemeinschaft relevant sind.
3. In einem dritten Schritt öffnen Sie sich den Fragen über Ihren Glauben und Ihr Leben und beziehen in Liebe und Demut andere ein.
4. Als vierten Schritt erklären Sie das Evangelium ohne Scheu, sobald Sie danach gefragt werden, und rufen Menschen dazu auf, Jesus zu folgen, sobald sie es verstehen und für die Herausforderung bereit sind.

Die vier Phasen der Mission und Evangelisation folgen nicht immer in exakter linearer und chronologischer Reihenfolge aufeinander. Sie sind eher als ein Kreis zu verstehen, bei dem man sich oft zwischen den unterschiedlichen Schritten hin und her bewegt, um letztlich das Ziel der Mission Gottes in der Welt zu erreichen: das reale soziale Leben der Menschen im Sinne des Reiches Gottes zu erneuern. Ich spreche hier von gesellschaftstransformativer Evangelisation und Mission. Der ganze Prozess erfordert Präsenz, Dienst, Dialog, Diskurs und Verkündigung.[185]

185 Reimer, Die Welt umarmen, 2013.

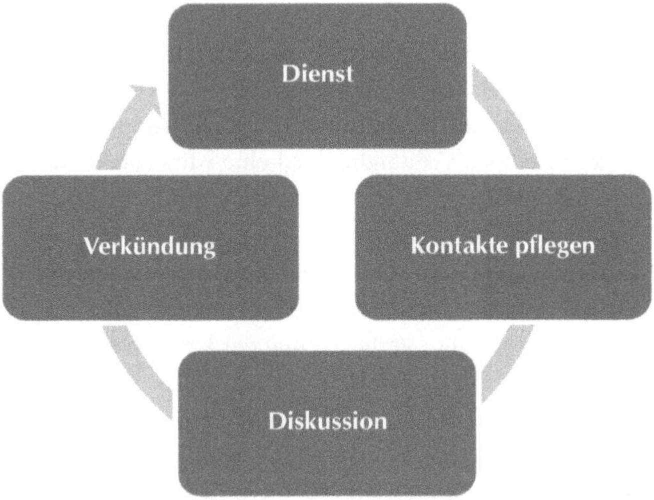

Abb. 6: Der Kreislauf gesellschaftstransformativer Mission

Auf allen Ebenen des Engagements wird christliche Mission den Platz »zwischen dem Evangelium und der Welt«[186] einnehmen und das werden, was der US-amerikanische Missiologe Paul Hiebert als »Mission als Mediation«[187] bezeichnet. In der Tat ist Mediation oder Vermittlung eine Kernkompetenz der Kirche, die an Gottes Mission in der Welt beteiligt ist.[188] Wenn sich Christen im Dienst für die Menschen in Gemeinschaftsentwicklungsprojekte einbringen, leben sie den noch nicht Glaubenden beispielhaft vor, wie man als Nachfolger Christi handelt, wodurch diese eine Vorstellung davon bekommen, welche Bedeutung das Evangelium für das tägliche Leben haben könnte. Auf diese Weise wird der Dienst zu einem bewussten Prozess, den der Einzelne angesichts des Evangeliums durchläuft. Dann werden die Menschen beginnen, Fragen zu stellen, und die Diener Gottes in die Diskussion über Themen einbinden, die ihnen wichtig sind. Wiederum wird die aus dem

186 Paul Hiebert: The Gospel in Human Contexts. Anthropological Exploration for Contemporary Missions, Grand Rapids 2009, S. 179.

187 Ebd.

188 Ausführlicher s. Johannes Reimer: »Der Dienst der Versöhnung – bei der Kernkompetenz ansetzen. Zur Korrelation von Gemeinwesenmediation und multikulturellem Gemeindebau«, in: Theologisches Gespräch, 1/2011, S. 19-35.

Evangelium kommende Antwort dazu anregen, den Prozess weiterzutreiben, bis eine geistliche Entscheidung auf natürliche Weise erfolgt.

Die konkrete Umsetzung der gesellschaftstransformativen Mission, in die ich selbst eingebunden war, beweist die Gültigkeit des bisher Dargelegten. Zum Beispiel haben wir vor Jahren in einer deutschen Kleinstadt namens Brüchermühle eine Christliche Arbeitsagentur gegründet, um Arbeitslosen zu helfen, ihren Lebensunterhalt zu verdienen. Von Beginn an war das Projekt inklusiv angelegt und lud alle Bewohner der Stadt ein, sich einzubringen. Es ist erstaunlich erfolgreich geworden: Männer und Frauen fanden Arbeit, ihr Familienleben verbesserte sich und im Laufe der Zeit beschlossen viele unserer Kunden und ihre Familien, sich der Kirche anzuschließen und Jesus nachzufolgen.[189]

Ähnliche Projekte transformativer Mission wurden in einer Reihe von deutschen Städten mit ähnlichen Ergebnissen durchgeführt. Ein umfassender transformativer Ansatz für Mission und Gemeindegründung als Mission-mit-anderen, der grundlegende Strukturen kooperativer Gesellschaftsentwicklung anwendet, ist vielversprechend.[190]

---

189 Für eine ausführliche Analyse dieses Projekts s. Martin Schulten: Gesellschaftstransformativer Gemeindebau am Beispiel der Evangelischen Freien Gemeinde Brüchermühle und deren Sozialprojekt für Hartkernarbeitslose in der Christlichen Beschäftigungsgesellschaft Brüchermühle, unveröffentlichte Masterarbeit, Pretoria, UNISA, 2012.

190 Einige dieser Projekte werden vorgestellt in: Tobias Faix u.a.: Tat. Ort. Glaube, Transformationsstudien, Bd. 6, Marburg 2014.

10 Christliche Gemeinwesenarbeit

10.1 Was ist Gemeinwesenarbeit?

Gemeinwesenarbeit (GWA) ist der Weg, eine Gesellschaft und Kultur zu verändern und zu gestalten. Eine gängige Definition lautet: »Gemeinwesenarbeit ist eine Methode, die einen Komplex von Initiativen auslöst, durch die die Bevölkerung einer räumlichen Einheit gemeinsame Probleme erkennt, alte Ohnmachtserfahrungen überwindet und eigene Kräfte entwickelt, um sich zu solidarisieren und Betroffenheit konstruktiv anzugehen.«[191] Renate Schnee definiert die GWA als ein »Arbeitsprinzip der Sozialen Arbeit«.[192] GWA ist nie ein individuelles Unterfangen einer einzigen Institution, sondern ein gemeinsamer Akt aller gesellschaftlich beteiligten Individuen, Institutionen und Organisationen in der Gesellschaft. Um positive Ergebnisse zu erzielen, muss GWA eine intensive Vernetzung aller gesellschaftlichen Akteure in dem entsprechenden Gemeinwesen schaffen. Eine zunehmende Menge an Literatur reflektiert die verschiedenen Aspekte der GWA. Das 1955 erschienene Buch »Community Organizations. Theory and Principles« von Murray G. Ross war die erste wissenschaftliche Untersuchung zu diesem Thema.[193]

GWA engagiert sich für das Wohlergehen der Menschen, geht auf die von der Gemeinschaft selbst wahrgenommenen Bedürfnisse ein,

191 Wolfgang Hinte; Fritz Karas: Studienbuch Gruppen- und Gemeinwesenarbeit. Eine Einführung für Ausbildung und Praxis, Neuwied/Frankfurt a.M. 1989, S. 30; vgl. Rainer Lingscheid; Gerhard Wegner: Aktivierende Gemeindearbeit, Stuttgart u.a. 1990, S. 51-52.

192 Renate Schnee: Vorlesungsbegleitendes Skriptum Gemeindewesenarbeit, online: https://www.yumpu.com/de/document/read/4930103/renate-schnee-skriptum-gemeinwesenarbeit-telesozial , S. 17 (09.03.2021).

193 Murray G. Ross: Community Organization. Theory and Principles, New York 1955 (dt.: Gemeinwesenarbeit. Theorie, Prinzipien, Praxis; Freiburg 1968).

aktiviert deren Mitglieder und nutzt lokale Ressourcen.[194] In der Praxis unterscheiden wir zwischen der kategorialen und der territorialen GWA. Die territoriale GWA konzentriert sich auf einen fest umrissenen sozio-geographischen Raum, sei es ein Dorf, eine Stadt oder ein Stadtviertel. Die kategoriale GWA arbeitet mit einer homogenen Gruppe von Personen, die einem bestimmten Beruf, einem sozialen oder wirtschaftlichen Status, oder einem bestimmten Milieu angehören. Beide Formen von GWA suchen nach Wegen, den Lebensstandard der Menschen zu verbessern, indem sie diese selbst zu eigenem Handeln ermutigt.

Neben diesen Formen von GWA existieren drei verschiedene Ansätze innerhalb der GWA: der integrative, der aggressive und der katalytisch-aktivierende Ansatz. Die *integrative GWA* arbeitet auf eine intensivere Zusammenarbeit aller Akteure in der Gemeinschaft hin, indem sie die unterschiedlichen Interessen auf der Basis eines gemeinsamen Verständnisses von Wohlergehen zusammenführt. Die meisten Menschen versuchen, ihre eigenen Vorstellungen der Gesamtgesellschaft aufzuzwingen, indem sie die integrative Methodik der GWA anwenden. Um eine solche Initiative zu veranschaulichen, nehme ich das Beispiel meiner Tochter Stefanie, die damals neun Jahre alt war. Die Wohngegend, in der wir damals lebten, hatte keinen Kinderspielplatz. In der Nähe unseres Grundstücks besaß die Stadt ein unbebautes Stück Land. Alle Versuche, die Stadtverwaltung dazu zu bringen, den freien Platz in einen Spielplatz zu verwandeln, scheiterten. Meine Tochter rief alle Kinder in der Nachbarschaft zu einer Demonstration vor dem Büro des Bürgermeisters auf. Schwärme von Kindern schlossen sich der Demonstration an. Medienvertreter kamen dazu und ein echter Dialog kam zustande. Nur einen Monat später wurde der neue Spielplatz eingeweiht.

Eine *aggressive GWA* wird in der Regel als Instrument politischer Intervention eingesetzt. Politische Parteien nutzen das Instrument für ihre ideologisch motivierten Initiativen, um die Bevölkerung zu beeinflussen.

Die *katalytisch-aktivierende GWA* schließlich bietet Hilfe zur Selbsthilfe an und setzt entsprechende Aktionen in Gang. Sie lädt die

194 Schnee, Gemeinwesenarbeit, S. 17.

Bewohner des entsprechenden Quartiers ein, sich an einer Initiative für bessere Lebensbedingungen in der Region zu beteiligen. Die Hilfe wird als Ermächtigung zur Selbsthilfe angeboten.

Gesellschaftliche Entwicklungsinitiativen sind weltweit ein wachsender Markt, selbst in den entwickelten Ländern des Westens. Unsere Gesellschaften sind zu »Risikogesellschaften« geworden, wie der Soziologe Ulrich Beck in den 1980er-Jahren prophezeite.[195] Der soziale Raum erodiert und offizielle Institutionen sind nicht mehr in der Lage, sinngebende Lebensbedingungen zu schaffen. Daraus entstehen Chancen und Herausforderungen für die GWA. Alle GWA-Initiativen suchen nach Wegen, die kreativen Kräfte eines bestimmten sozialen Raums wie der politischen Verwaltung, der Wirtschaft, der Medien und der lokalen NGOs einzubeziehen. Tatsächlich zielt GWA immer darauf ab, solche Machtfaktoren in der Gesellschaft zu beeinflussen oder sogar zu formen und zu verändern, damit sich die Lebensbedingungen ändern können.

10.2 Christliche Gemeinwesenarbeit – Geschichte und Entwicklung

Die Kirche Christi war schon immer sozial und diakonisch aktiv. Die bewusste Anwendung von Ansätzen der GWA in westlichen Kirchen geht auf die 1950er-Jahre zurück.[196] Der US-Amerikaner Lyle Schaller berichtet von einem wachsenden Interesse an GWA-Projekten in den USA in den 1970er-Jahren.[197] Schaller nennt eine Reihe von Gründen für das wachsende Interesse.[198] Dabei scheint er sich besonders für die Förderung und Entwicklung individueller Ressourcen der Mitglieder zum Wohle eines bestimmten Gemeinwesens zu interessieren.[199] Für

195 Ulrich Beck: Risikogesellschaft: Auf dem Weg in eine andere Moderne, Frankfurt/M. 1986.
196 Lyle E. Schaller: Kirche und Gemeinwesenarbeit. Zwischen Konflikt und Versöhnung, Gelnhausen, Berlin 1972, S. 3.
197 Schaller, Kirche und Gemeinwesenarbeit, S. 4ff.
198 Schaller, Kirche und Gemeinwesenarbeit.
199 Schaller, Kirche und Gemeinwesenarbeit, S. 8.

ihn ist GWA ein ausgezeichnetes Werkzeug, um Kirchenmitglieder für das gesellschaftliche Engagement zu motivieren.

Das Hauptinteresse kirchlicher GWA liegt auf dem gesellschaftlichen Wandel.[200] In Deutschland geht die Tradition der GWA-bezogenen Projekte in der Kirche auf die Arbeit von Johann Hinrich Wichern (1808–1881) zurück.[201] In seiner 1849 erschienenen Denkschrift über die öffentliche Beteiligung der Kirche schreibt er: »Die innere Mission ist nicht eine Lebensäußerung außer oder neben der Kirche, will auch weder jetzt noch einst die Kirche selbst sein, [...] sondern sie will eine Seite des Lebens der Kirche selbst offenbaren, und zwar das Leben des Geistes der gläubigen Liebe, welche die verlorenen, verlassenen, verwahrlosten Massen sucht, bis sie sie findet.«[202]

In Europa im Allgemeinen und in Deutschland im Besonderen florierte die christliche Gemeinwesenarbeit (CGWA) nach dem Zweiten Weltkrieg. Weite Teile Europas waren durch den Krieg zerstört worden, Millionen von Menschen hatten ihre Häuser durch Krieg, Flucht und Umsiedlung verloren. Überall bestand ein dringender Bedarf an sozialer Hilfe. Eine Welle des sozialen Engagements lief durch Europa. Der Wiederaufbau des Gemeinwesens wurde zu einer großen Aufgabe für die Kirche, doch bereits in den 1970er-Jahren fiel die GWA als eines der wirksamsten Instrumente der missionarischen Beteiligung an der Gesellschaft weitgehend in Vergessenheit.

Rainer Lingscheid, der die Entwicklung der CGWA in Deutschland im Detail untersucht hat, kommt zu dem Schluss, dass die Gründe für die Verdrängung der GWA in den Kirchen einerseits in einer unzureichenden theologischen Reflexion des Konzepts lagen, und andererseits in dem Unvermögen der Kirchen, sich ihrer sozialen Verantwortung zu stellen. Die Kirche rechtfertigte ihr Engagement im Gemeinwesen eher

200 Vgl. die Diskussion in Lingscheid/Wegner, Aktivierende Gemeindearbeit, S. 48ff.

201 Mehr über die Person und seine Sozialtheologie s. Stephan Sturm: Sozialstaat und christlich-sozialer Gedanke. Johann Hinrich Wicherns Sozialtheologie und ihre neuere Rezeption in systemtheoretischer Perspektive, Stuttgart 2007.

202 Johann Hinrich Wichern: Die innere Mission der deutschen evangelischen Kirche, Hamburg 1849, S. 8.

pragmatisch und eklektisch. Sie blieb weit davon entfernt, die GWA in die wahre Mission der Kirche in der Welt zu integrieren.[203]

10.3 Gemeinsam für die Gemeinschaft

Theologisch ist die CGWA in der *missio politica* der Kirche begründet. Die Kirche ist ihrem Wesen nach ein unverzichtbarer Akteur gesellschaftlichen Lebens. Sie ist das kirchliche Herz der Gemeinschaft, Salz der Erde und Licht der Welt (Mt 5,13-16). Sie ist eine lokale Kraft, eine lokale *ekklēsia*, eine Versammlung von auserwählten Menschen, die aus der Gemeinschaft herausgerufen wurden, um Verantwortung für diese Gemeinschaft zu übernehmen. Ihr Missionsfeld ist in erster Linie der lokale soziale Raum. Als solche strebt sie danach, ein Licht zu werden, das in der gesamten Stadt sichtbar ist, um allen Menschen zu dienen und ein Segen für jedes Mitglied ihrer Gemeinschaft zu werden. Ihre missionarische Praxis wird daher immer eine aktive Beteiligung an der Gemeinschaft beinhalten.

All dies macht GWA zu einem wirksamen Entwurf kirchlicher Mission und kirchlichen Lebens. Tatsächlich könnte man CGWA als Modell für jede aktive Mission der Kirche in der Welt in Betracht ziehen. Das gilt eindeutig für ihre politische Mission. Wie jede Sendung der Kirche muss auch CGWA in seiner reziproken Interiorität (vgl. Abschnitt 4.1) wahrgenommen werden. So wird auch sichtbar, dass andere Schwerpunkte von Mission wie Evangelisation und Jüngerschaft direkt miteinander und durch CGWA mit der Gemeinschaft verbunden sind.

10.4 Der Kreislauf der christlichen Gemeinwesenarbeit

Gemeinwesenarbeit folgt einem bestimmten Aktionsplan. Für eine Kirche, die an der Anwendung von GWA als Missionskonzept interessiert

203 Lingscheid/Wegner, Aktivierende Gemeindearbeit.

ist, nennt Annette Peters vier entscheidende erste Schritte, die es zu beachten gilt:[204]

1. Gesellschaftliches Engagement setzt die Kenntnis des Alltagslebens in dem Gemeinwesen voraus. Daher führt die Kirche eine Sozialanalyse durch, welche die in der Gesellschaft wahrgenommenen Bedürfnisse herausarbeitet.
2. Gesellschaftliches Engagement ist nur möglich, wenn alle beteiligten Ressourcen und Akteure klar definiert sind. Daher sucht die Kirche nach Wegen, das gemeinsame Gespräch zu ermöglichen, um die verfügbaren Ressourcen festzustellen und alle Mitglieder des Gemeinwesens zur aktiven Beteiligung zu motivieren.
3. Gesellschaftliches Engagement wird, um dauerhafte Ergebnisse zu erzielen, so viele Mitglieder wie möglich einbeziehen. Daher bemüht sich die Kirche darum, dass alle Akteure gemeinsam handeln, um die Probleme zu lösen.
4. Gesellschaftliches Engagement braucht den Segen Gottes. Daher begleitet die Kirche jede Aktion im Gebet und mit anderer geistlicher Unterstützung.

Die folgenden Schritte stellen den Kreislauf der CGWA dar. Er verläuft analog zum oben dargestellten missionarischen Praxiszyklus und beinhaltet a) Beteiligung vor Ort, b) die Kontextanalyse, c) die Entwicklung einer Vision und d) eines Konzepts zur Veränderung, das zur e) Planung und f) Umsetzung von Aktionen führt, die dann einer g) Evaluation unterzogen werden.

---

204 In Lingscheid/Wegner, Aktivierende Gemeindearbeit, S. 78.

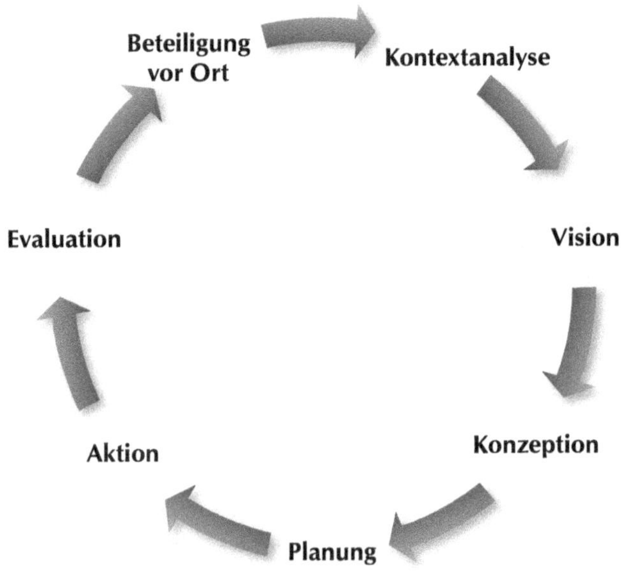

Abb. 7: Der Kreislauf der Christlichen Gemeinwesenarbeit

CGWA bedeutet, dass Kirchen sich in die Gesellschaft vor Ort einbringen. Folglich muss eine Kirche, die CGWA in Betracht zieht, ihr Gemeinwesen finden und sich dafür entscheiden, Zeit und Energie in diese konkrete Gemeinschaft von Menschen zu investieren, z.B. in einem Dorf, einer Stadt oder einer Nachbarschaft. Diese Beteiligung setzt eine Berufung Gottes für ein bestimmtes Gemeinwesen voraus. Es ist entscheidend zu erkennen, ob Gott hinter einer Aufgabe steht. Nur wenn eine Kirche Gottes Ruf in dieses Gemeinwesen hinein vernimmt, wird sie sich dauerhaft in GWA investieren.

Eine Berufung ist jedoch noch keine *Vision*. Nach Bill Hybels ist eine Vision »ein Bild von der Zukunft, das Begeisterung auslöst«.[205] Was eine Vision so mitreißend macht, ist »nicht nur das Bild von der Zukunft. Es sind die Energie und die Leidenschaft, die es tief in unserem Herzen hervorruft.«[206] Echte Vision ist nie zufällig. George Barna hat recht, wenn er formuliert: »Man könnte Vision als Weitsicht mit

205 Bill Hybels: Mutig führen, S 36.
206 Ebd.

Einsicht definieren, die auf der Rückschau basiert.«[207] Damit beschreibt er einen Blick auf die Zukunft, der die Bedingungen der Gegenwart und die Erfahrungen der Vergangenheit einbezieht. Nach Barna ist es Gott, der seinen Kindern solche Visionen schenkt. »Eine Vision für den Dienst ist ein klares mentales Bild einer erwünschten Zukunft, die Gott seinen auserwählten Dienern vermittelt und die auf einer genauen Kenntnis von Gott, sich selbst und den Umständen beruht.«[208] Gott weiß schon längst, wie er das Leben in der Gesellschaft verändern will; er bestimmt, wie die Zukunftsvision aussieht. Gesellschaftsrelevante Vision schafft ein Bild von Gottes Vorstellung von der Welt und den Bedürfnissen der Menschen in ihrem Kontext. Hier treffen sich unsere Liebe zu Gott und unsere Liebe zum Nächsten (Mt 22,37-39). In diesen beiden Geboten sind alle anderen Gebote Gottes enthalten, sagt Jesus (Mt 22,40). Die Vision für ein bestimmtes Entwicklungsprojekt ist also von der Liebe zu Gott und zu unserem Nächsten geprägt. Daher möchte eine gesellschaftsrelevante Kirche das Reich Gottes im Leben der Gesellschaft verwirklicht sehen.[209] Dies setzt das Wissen um Gottes Reich voraus.

Eine Vision ist jedoch noch kein Konzept oder eine Praxistheorie. Ein Konzept beschreibt den Transformationsprozess für den Kontext, für den die Entwicklungsprojekte geplant werden. Dies setzt wiederum eine Kenntnis des Kontextes voraus. Dieses Wissen wird in der *Kontextanalyse* erworben, in der Stichproben erhoben und die Informationen über die Lebensbedingungen des entsprechenden Gemeinwesens ausgewertet werden. Dies geschieht durch:

- Zusammentragen aller öffentlich zugänglichen Informationen über das Gemeinwesen,
- Interviews mit gesellschaftlichen Akteuren wie dem Bürgermeister, Sozialarbeitern, Lehrern, Journalisten und anderen,
- Teilnehmende Beobachtung auf verschiedenen Ebenen des gesellschaftlichen Lebens,
- Gebetsspaziergänge und das Hören auf Gott.

207 George Barna: The Power of Vision, Ventura 2003, S. 24
208 Ebd.
209 Vgl. 5Mo 6,5 und 3Mo 19,18.

GWA konzentriert sich darauf, Gesellschaft zu verändern, besonders in den fünf klassischen Bereichen, die uns Jesus in Matthäus 25,35-36 beschrieben hat: (1) Hunger und Durst; (2) soziale Vereinsamung; (3) Armut; (4) Gesundheit; (5) soziale Isolation. Daher müssen diese Bereiche so genau wie möglich untersucht werden. Erst wenn man weiß, was in einem Gemeinwesen vor sich geht, wo die aktuellen Bedürfnisse liegen und was die Gemeinschaft als Ganzes einbringen kann, um Veränderungen zu gestalten, kann die *konkrete Konzeptualisierung* beginnen.

Die Planung eines Projekts bedeutet, die folgenden Fragen zu beantworten:

Wer tut
was und *wie,*
wann und mit welchen *Mitteln,*
welches Ergebnis wird erwartet,
wie wird das Ergebnis ausgewertet
und *wohin* wird dies führen?

Ein gut konzipiertes Projekt führt zu einer erfolgreichen Umsetzung in der *Praxis* und ermöglicht eine korrekte *Auswertung* der erreichten Ziele. Bei allen CGWA-Projekten muss die beteiligte Gemeinschaft, zu der auch die Kirche zählt, sowohl in der Planung und Umsetzung als auch in der Evaluierung eingebunden sein.

10.5 Ein Schritt nach dem anderen

Gesellschaftliche Transformation ist ein Prozess. Ein Haus wird nicht über Nacht gebaut, umso länger braucht es, eine ganze Stadt zu bauen. Erfolgreiche Bauherren wissen: Ohne einen Plan geht gar nichts. Man muss wissen, wo man am besten anfängt und wie es von da aus weitergeht. Die Ergebnisse der Potenzialanalyse und der Kontextanalyse zeigen auf, was die Kirche zu bieten hat und welche Bedürfnisse in ihrem Gemeinwesen vorhanden sind. Bei der konkreten Projektplanung werden beide zusammengebracht. Da diese Projekte von Anfang an das eigene Potenzial widerspiegeln, sind sie umsetzbar, und da sie sich auf die aktuellen Bedürfnisse der Gemeinschaft beziehen, werden sie viel Zuspruch finden, wodurch die Kirche das Vertrauen der Menschen gewinnen wird.

Die Kontextanalyse kann eine ganze Reihe von Bedarfsbereichen aufdecken. Die Kirche sollte alle im Blick behalten, sich zu Beginn aber auf ein oder zwei Startprojekte konzentrieren. Es ist viel wichtiger, Kompetenz und Verlässlichkeit bei der Durchführung eines Projekts zu beweisen, als zu viele zu starten und einige unvollendet lassen zu müssen.

Wir nennen diese ersten Projekte »Basisprojekte«. Sorgfältig ausgewählt, werden sie zu einer guten Basis für die nächsten Projekte der Kirche für die Gemeinschaft und eröffnen einen Weg für Entwicklung und Veränderung. Die von der Kirche durchgeführte Transformation beginnt mit einem Grundlagenprojekt, das einen entscheidenden Unterschied für die Wahrnehmung der Kirche in ihrer Umgebung machen kann. Grundlagenprojekte müssen nach einer Reihe von Grundprinzipien ausgewählt werden, wenn sie sowohl die Entwicklung der Gesellschaft als auch der Kirche stärken sollen.

Erstens müssen sie sich mit einem Bedarfsbereich befassen, der für die gesamte Gemeinschaft von großer Bedeutung ist. Im Idealfall erfordert das angegangene Problem das Engagement der Mehrheit der Gemeindemitglieder.

Zweitens verfügt die Kirche über genug Eigenkompetenz, um sich ohne Hilfe und Beistand von Akteuren außerhalb der Kirche sinnvoll an dem Projekt zu beteiligen. Die Menschen müssen in erster Linie ihren Einsatz wahrnehmen. Die Einbeziehung von Sponsoren und Spendern von außerhalb wird immer die Natur des Engagements verändern, und die Ergebnisse werden nicht unbedingt der Kirche angerechnet.

Drittens muss das Projekt auf andere Bedarfsbereiche im Gemeinwesen ausgeweitet werden können und einen längeren Zeitrahmen umfassen. Es wird eine Weile dauern, bis das Projekt wahrgenommen, verstanden und wertgeschätzt werden wird. Schnelle Ergebnisse sind wenig geeignet, einen nachhaltigen Eindruck zu schaffen. Sie zeigen, wozu man fähig ist, hinterlassen aber keine Geschichte der Veränderung.

Viertens muss das Grundlagenprojekt die Einbeziehung jeder anderen Person ermöglichen, die bereit ist, sich an dieser Veränderung zu beteiligen. Der Charakter des Projekts sollte weniger religiös, offen für jedermann und partizipativer Natur sein. Nur indem sie gemeinsam mit den Menschen ein Projekt umsetzt, wird die Kirche die Menschen des Gemeinwesens darauf aufmerksam machen, wie sehr sie selbst verändert wurde. Dies weckt Interesse an der Kirche, baut Vertrauen auf und schafft Beziehungen zu Mitgliedern der Kirche.

Fünftens muss das Projekt Gott Raum geben, ein Wunder zu vollbringen. Es muss über die Fähigkeit der Kirche hinausgehen, es aus eigener Kraft umzusetzen. Ähnlich wie die Jünger, die fünftausend Menschen mit einer winzigen Menge an Brot und Fisch satt machten, investiert die Kirche alles, was sie hat, und hofft auf Gottes wundersames Eingreifen. Wo immer dies geschieht, werden die Menschen in der Umgebung nicht nur der Kirche danken, sondern Gott selbst loben, der für ihre Gemeinschaft einsteht.

In jeder Gemeinschaft von Menschen finden sich zahlreiche Bereiche von Not und Bedürftigkeit. Nicht alle entsprechen jedoch dem Profil einer bestimmten Kirche. Nicht alle lassen eine breite Beteiligung verschiedener Personen zu. Nicht alle setzen einen Prozess der Veränderung und Transformation in Gang. Die Kirche muss daher nicht nur fragen, was getan werden *kann;* sie will wissen, was getan werden *muss.* Sie will wissen, was ihr Herr als das dringendste Bedürfnis und den bestmöglichen Start für einen transformativen Prozess in dieser Gemeinschaft sieht. Sie wird also ihre Erkenntnisse Gott vorlegen und auf seine prophetische Stimme hören. Am Ende ist es immer der Geist Gottes, der die Kirche in ihrer Mission leitet. Er ist der Herr jeder Mission (2Kor 3,17). Es ist unerlässlich, ihn um eine gute Entscheidung zu bitten.

10.6 Das Gesicht der Stadt verändern

Die Kirchen tun gut daran, mit dem Offensichtlichen zu beginnen. Das äußere Erscheinungsbild ihres Gemeinwesens zu ändern ist so, als ob sie ihren Nachbarn ein Fragezeichen vorsetzten. Ein sauberer Park oder

Bürgersteig, eine gereinigte Straße oder öffentliche Toilette bewirken Wohlbefinden in der Gemeinschaft und fördern anfängliches Vertrauen. Die Kontextanalyse wird zeigen, wo die Notwendigkeit, Ordnung in die materielle Infrastruktur Ihrer Gemeinschaft zu bringen, am dringendsten ist und wo die Gemeinschaft beständig notwendige Änderungen vernachlässigt, vielleicht aufgrund fehlender Mittel oder einer entstellten Kultur. Auf diese Weise kann die Kirche großes Interesse bei Ihren Bürgern wecken. Bei den im Folgenden vorgestellten Projekten wird beispielhaft aufgezeigt, wie eine Kirche vorgehen kann.

10.6.1 Tag des sauberen Bürgersteigs

Die Evangelische Freikirche in einer deutschen Kleinstadt stellte eines Tages fest, wie verdreckt die Gehwege in der Stadt meistens waren. Die Verwaltung hatte keine Mittel, um sie zu reinigen. Jahrelang schien das niemanden zu stören. Wie immer unter solchen Umständen zogen die schmutzigen Orte noch mehr Dreck an und bald wurde es normal, seinen Müll auf den Bürgersteig zu werfen. Die kleine ortskundige Kirche beschloss, die Situation zu ändern und rief einen *Tag des sauberen Bürgersteigs* aus. Sie lud die Bevölkerung ein, an der Aktion teilzunehmen und das Ereignis anschließend auf ihrem Kirchengelände zu feiern. An einem festgelegten Samstag begannen die Gemeindemitglieder, den Müll zu sammeln und die Bürgersteige zu fegen. Die meisten Bürger schauten zu, kaum jemand beteiligte sich und nur wenige kamen, um zu feiern. Am nächsten Tag jedoch lobte ein Artikel in der Lokalzeitung die Kirche für ihren Einsatz. Die Kirche wiederholte die Aktion, sobald die Bürgersteige wieder zugemüllt waren. Diesmal schlossen sich mehr Leute an, sowohl bei der Reinigung als auch beim anschließenden Fest. Drei Jahre später berichtete die Kirche, dass die Gehsteige der Stadt nun sauber blieben und einige Leute über diese Aktion den Weg zur Kirche gefunden hatten. Der Einsatz der Kirche hatte in der Bevölkerung zu einem neuen Bewusstsein für die Sauberkeit ihrer Umgebung geführt, hat Formen der Begegnung unter ihren Bürgern geschaffen und sogar einige Menschen als neue Mitglieder gewonnen.

Bald folgten weitere Projekte. Ein Ältester der Kirche berichtet: »Wir beschlossen, unser Stadtbild zu verändern, indem wir Blumen entlang der Straßen pflanzten, und luden unsere Nachbarn ein, mitzumachen. Das Ergebnis war erstaunlich. Viele kamen! Einige pflanzten Blumen direkt gegenüber von ihrem Grundstück, andere, einschließlich unserer Gemeindemitglieder, dehnten die Aktion auf die öffentlichen Plätze aus. Bald änderte sich unser Stadtbild völlig. Als Kirche boten wir sowohl Blumensamen als auch Hilfe für die Menschen an. Nach der Aktion waren alle zu einem Grillfest auf unserem Kirchengrundstück eingeladen. Die Leute genossen es und einige beschlossen sogar, am Sonntag zu kommen und zu sehen, was für eine Kirche wir waren. Die Aktion öffnete uns wirklich eine Tür zu unserer Gemeinschaft.«

10.6.2 Bezahlbarer Wohnraum

Eine Schweizer Pfingstkirche stellte fest, dass viele Bedürftige in ihrer Stadt in inakzeptablen Wohnverhältnissen lebten. Die Kirche intervenierte bei den örtlichen Behörden, aber es geschah wenig. Nach vielen Gebeten beschloss man, selbst ein Bauprojekt zu beginnen. Ein Jahr später zogen die ersten Familien in ihre neue Wohnung und zahlten eine sehr angemessene Miete. Die meisten von ihnen begannen, die Kirche zu besuchen, und halfen sogar beim Bau der nächsten Reihe von Mehrfamilienhäusern. Es folgten ein Kindergarten, ein Café und schließlich ein Gemeinschaftshaus. Keine Frage, die Initiative dieser Gemeinde veränderte das Gesicht der Stadt. Durch eine wachsende Zahl von Mitgliedern konnten weitere Projekte angegangen werden. »Das Erstaunlichste für mich ist, dass in unserer Nachbarschaft so etwas wie eine ›Kultur der Hilfe‹ entstanden ist«, sagte der Pastor von *BewegungPlus*. »Früher hätte sich niemand dafür interessiert, seine Hilfe auch nur anzubieten, aber heute ist es normal geworden, dass ein Nachbar dem anderen hilft. Sicher, nicht alle von ihnen haben sich unserer Gemeinde angeschlossen, aber viele haben begonnen, sich an der Transformation unserer Gemeinschaft zu beteiligen.«

10.6.3 Den Marktplatz fegen

In einer kleinen deutschen Stadt war eine örtliche Baptistengemeinde der Öffentlichkeit buchstäblich unbekannt. Der Pastor beschloss, seine Kirche in die Gesellschaft hineinzuführen. Er ging also zum Bürgermeister und bot ihm an, dass die Gemeinde sich ehrenamtlich engagiert. Der Bürgermeister schlug vor, dass sie den Markplatz fegten. Zweimal wöchentlich kamen Landwirte aus der Umgebung dorthin, um ihre Waren zu verkaufen, und hinterließen den Platz ziemlich verdreckt. »Die Stadt hat keine Mittel, um den Marktplatz Woche für Woche zu reinigen, andererseits ist der Markt hier eine alte Tradition«, erklärte der Bürgermeister. »Sie würden uns enorm helfen, wenn Ihre Mitglieder den Ort freiwillig zumindest einmal pro Woche reinigten.«

Nach einiger Diskussion in der Kirchengemeinde beschlossen die Jugendlichen, diese Aufgabe zu übernehmen. Die Stadt stellte spezielle Jacken und erlaubte ihnen, Werbung auf dem Rücken anzubringen. Bald nach Geschäftsschluss strömte eine Menge junger Menschen auf den Marktplatz. Auf ihren Jacken war zu lesen: »Jesus schafft Ordnung. Deine Baptistenkirche.« In kurzer Zeit wusste jeder in der Stadt, wer diese Baptisten waren und wo sie sich zum Gottesdienst versammelten. Nun war die Stadt stolz auf ihren Bauernmarkt und die jungen Freiwilligen.

Auf ähnliche Weise boten sich in Ulm eine christliche Kirche und eine muslimische Moschee an, der Stadt zu helfen, das Chaos nach dem Silvesterfeuerwerk gemeinsam zu beseitigen. Die Deutschen sind buchstäblich verrückt nach dem Feuerwerk an Silvester. Am Morgen danach sehen die Straßen entsprechend furchtbar aus. Es kostet den öffentlichen Sektor Millionen, die Städte zu reinigen. Der Vorschlag, einer Kirche und einer Moschee zu erlauben, stundenlang gemeinsam zu arbeiten und die Stadt zu säubern, war in vielerlei Hinsicht eine große Erleichterung für den Bürgermeister von Ulm. Aus dieser Aktion entstanden wunderbare Freundschaften zwischen Christen und Muslimen. Bald wurden weitere gemeinsame Projekte geplant und durchgeführt. Selbst nachdem einige der Muslime beschlossen, Christen zu werden, setzte sich das gute Verhältnis fort.

10.6.4 Die Schaffung von Arbeitsplätzen

Während der Zusammenarbeit mit den Anwohnern für einen angenehmeren Lebensraum wird die Kirche bald feststellen, dass die unmenschlichsten Bedingungen an Orten zu finden sind, wo Arbeitslose und/oder Obdachlose leben. Ohne Geld ist kein angenehmes Leben möglich. Um die Lebensbedingungen zu ändern, braucht es meist einen direkten Zugang zu Arbeit und damit finanzieller Stabilität. Viele Kirchen reagieren auf diese Not und schaffen Beschäftigungsmöglichkeiten, bieten Arbeit oder zumindest einen leichteren Zugang zur Arbeit an.

Ein Beispiel dafür ist das kleine Büro der Freien Evangelischen Gemeinde in einer kleinen Stadt in Mitteldeutschland. Die ehrenamtlichen Helfer der Kirche begannen mit einer Suppenküche für ältere Menschen. Unter den arbeitslosen Frauen in der Stadt wurde Kochpersonal rekrutiert, und die Zutaten für die Mahlzeiten, die den älteren Menschen angeboten wurden, kamen aus lokalen Lebensmittelgeschäften. Da die Suppenküche ihre Mahlzeiten zu einem fairen Preis anbot, erhielt sie bald mehr und mehr Aufträge. Selbst benachbarte Unternehmen begannen, warme Mahlzeiten für ihre Arbeiter zu bestellen. Die Küche wuchs zu einem Catering-Service heran und die ehemals Arbeitslosen verdienten genug für ihren Lebensunterhalt. »Die Kirchenküche bot mir einen Job an«, sagte eine Frau, »und jetzt bete ich Gott in dieser Gemeinde an und begreife, dass er mich sehr liebt.«

Eine Schweizer Evangelische Kirche gründete eine Arbeitsagentur, die Arbeitsplätze für geistig behinderte Frauen anbot. Diese Frauen produzieren heute wunderschöne Schweizer Souvenirs für die Tourismusbranche. Die ersten zarten Anfänge haben sich zu einer beeindruckenden Firma mit mittlerweile mehr als 100 behinderten Frauen entwickelt, die ihnen sowohl Arbeit als auch einen Ort der Begegnung und vieles mehr bietet. Seit Beginn des Projekts haben sich Hunderte von Bürgern der Kirche angeschlossen. »Man sieht die glücklichen Gesichter dieser unheilbar psychisch kranken Frauen«, sagte eines dieser neuen Mitglieder, »und es dämmert einem, dass es Hoffnung in der Welt für alle gibt. Diese Kirche hat uns eine wunderbare Lektion erteilt.«

10.6.5 Soziale Angebote

Es gibt viele Gründe, warum Menschen aus der Gesellschaft fallen und zu dem werden, was man allgemein als asozial bezeichnet. Nachdem sie jahrelang im Elend gelebt haben, haben sie oft keine Möglichkeit mehr, aus eigener Kraft aus ihrem Status quo auszubrechen und von vorne anzufangen. Dazu benötigen sie sozialen Beistand. Andere Menschen könnten eine helfende Hand brauchen, weil sie zum Beispiel zu viel Arbeit oder keine Freunde haben oder in die soziale Isolation gezwungen wurden. Auch hier kann ihnen die Kirche helfen und beistehen. Die folgenden Projekte stellen einige kreative Ideen vor.

In Ostdeutschland organisieren die Kirchen ihre Arbeit in nachbarschaftlichen Netzwerken und ermutigen ihre Mitglieder, ein System der Nachbarschaftshilfe zu planen. Dies umfasst die Unterstützung einiger älterer Nachbarn bei ihrem Lebensmitteleinkauf und anderen benötigten Produkten bis hin zur Hilfe bei der Renovierung ihres Grundstücks oder Hauses oder einer zeitweiligen Kinderbetreuung, wenn die Eltern für einen Termin unterwegs sind. Dadurch entsteht eine stabile Nachbarschaft, die christlichen Familien zahlreiche Gelegenheiten bietet, ihre persönliche Beziehung zu Jesus zu bezeugen.

Eine Kirchengemeinde in Ostdeutschland sorgte sich um den sozialen Frieden in ihrer Nachbarschaft und organisierte ein Street-Food-Festival, zu dem sie die verschiedenen ethnischen Gruppen der Stadt einlud, sich mit ihrer nationalen Küche vorzustellen und dies, wenn möglich, mit einem Kulturprogramm mit Gesang, Tanz und Ähnlichem zu kombinieren. Am Abend wurden alle zu einem Konzert im Kirchensaal eingeladen.

Eine Reihe von Kirchen in Deutschland führen Programme für ältere Menschen durch, indem sie diese als Ersatz-Großeltern in sozial vereinsamte jüngere Familien vermitteln. Den Senioren wird empfohlen, sich einfach so zu verhalten, wie es Großeltern tun würden. Kindergärten und Schulen engagieren ebenfalls gerne ältere Menschen, die Eltern und Betreuer in ihrer Erziehungsarbeit für die Kinder ehrenamtlich unterstützen, mit den Kindern spielen und kinderfreundliche, kulturell und sozial interessante Orte besuchen.[210]

Verschiedene Kirchen bieten kranken und einsamen Menschen einen Besuchsdienst an. Solche Menschen sind oft an einen neuen Wohnort gezogen, wo sie weder Familie noch einen Freundeskreis haben. Hausärzte und Sozialämter können Auskunft über solche Menschen geben. Die Kirche organisiert dann ein Besuchsteam und begleitet den Dienst. Sehr oft brauchen Kranke mehr als nur Trost. Dann kann die Kirche dabei helfen, sie mit Nahrung, Transport und Beratung zu unterstützen.

Eine Kirche in Baden-Württemberg bietet Familien Hilfe an, indem sie sie durch den Sterbeprozess eines Angehörigen begleitet. Das Programm heißt »Sterben mit Menschenwürde« und richtet sich vor allem an Menschen, die keine Familienangehörigen in der Nähe haben. Durch tägliche Besuche und Versorgung wird der Sterbende getröstet und erhält das Angebot, letzte Fragen zu klären und Frieden zu finden.

Einige Kirchen bilden Beratungsteams für Krisenintervention. Sie gehen dorthin, wo Naturkatastrophen, Gewalt, sexuelle oder andere Übergriffe in der Gemeinschaft geschehen sind. Diese Berater trösten die Opfer und leisten notwendige Soforthilfe und Unterstützung. Sie halten die Beziehung zu den Opfern so lange, wie diese es wünschen, und laden sie in die Kirche ein, wenn diese es wollen.

Ein außergewöhnlicher Fall von Interventionsberatung wird von einer Schweizer Kirche berichtet. Aufgrund der intensiven Vulkanaktivität auf Island strandeten viele Menschen auf europäischen Flughäfen, da die Flugzeuge nicht fliegen konnten. Tausende waren in Zürich gestrandet. Diese Kirche suchte diese Menschen auf und lud sie in ihre Häuser ein, wo sie ihnen Versorgung, Unterkunft und Nahrung anbot. Die Wetterbedingungen änderten sich eine Woche lang nicht. Während der gesamten Woche genossen die Gestrandeten die Gastfreundschaft und Fürsorge der Gemeindemitglieder. Heute hat diese Kirche in einer Reihe von Ländern Hausgemeinschaften

210 Siehe z.B.: https://rentagrandma.com (22.01.2021); https://www.oma-und-opa-mieten.de (09.03.2021).

gegründet, weil ihre ehemaligen Gäste, beeindruckt von der Fürsorge dieser besonderen Kirche, sich dem Christentum zuwandten und um weitere Hilfe der Kirche baten, im Glauben zu wachsen.

Es gibt zahlreiche Kirchen, die sich im Dienst für Obdachlose engagieren und sich um Nahrung, Unterkunft und grundlegende sanitäre Bedürfnisse kümmern. Eine evangelische Gemeinde im Zentrum Berlins bietet spezielle Unterkünfte für Obdachlose an. »Es ist uns nicht gelungen, diese Leute zu Jesus zu führen«, sagt der Pastor, »oder sie gar von der Straße zu holen. Viele von ihnen haben einfach beschlossen, so zu leben, wie sie es tun. Und doch hat unser Dienst an ihnen die Nachbarschaft radikal verändert. Die Menschen vertrauen uns. Für sie sind wir die einzige vertrauenswürdige Gruppe in der Stadt. Und ja, wir sehen auch Veränderungen bei denjenigen, denen wir helfen.«

Dieselbe Kirche bietet Hilfen für Frauen an, die unter häuslicher Gewalt leiden. Oft fliehen verzweifelte Frauen vor ihren Ehemännern und nehmen die Kinder mit. Frauenhäuser bieten ein Versteck, wo die Misshandelten Ruhe und Frieden finden können und wo sie sich von Gewalt und Missbrauch erholen können. In kirchlichen Notunterkünften finden sie auch Beratung und psychologische Hilfe und manchmal sogar eine Arbeit. Die meisten Opfer kehren zu ihren Unterdrückern zurück, weil sie mittellos sind. Die Aussicht auf einen angemessenen Wohnraum, darauf, einen Arbeitsplatz zu finden und die Kinder versorgen zu können – all dies wird die Betroffenen ermutigen, nicht in eine missbräuchliche Beziehung zurückzukehren, sofern sich der Partner nicht ändert. Die Kirche kann auch eine Beziehung zum gewalttätigen Partner aufbauen und ihn oder sie dazu ermutigen, sich zu ändern.

Wie wir gesehen haben, erfordert soziale Begleitung oft einen kontinuierlichen sozialen Dienst in allen Lebensbereichen. Eine Kirche, die sich in ihr Gemeinwesen einbringen will, schaut genau hin, welche sozialen Dienstleistungen bereits von der Gemeinschaft erbracht werden und welche nicht. In diese Lücke tritt sie und sucht nach einer Lösung, wo immer dies möglich ist, indem sie sich mit denen in der Gemeinschaft verbündet, die das Problem ebenfalls sehen und sich für dessen Änderung einsetzen wollen.

10.6.6 Treffpunkte für Familien

In den meisten Städten und Gemeinden weltweit gibt es keinen Ort für die Bewohner eines Quartiers, um sich zu treffen und Kontakte zu knüpfen. Deutschland ist da keine Ausnahme. Kirchen sind jedoch ideale Orte dafür. Die Gemeinderäume werden unter der Woche selten genutzt. Daher eröffnet eine Einladung an die Bewohner des Viertels, die kirchlichen Anlagen für Begegnungen, Spielabende, das gemeinsame Schauen von Fußballspielen oder andere Kontaktmöglichkeiten zu nutzen, große Möglichkeiten für die Kirche, gute Beziehungen zu ihren Nachbarn zu knüpfen. Einige Kirchen institutionalisieren solche Treffen und bieten angeleitete Programme an. In der westlichen Welt etabliert sich gerade der Trend, sogenannte *urban villages* – städtische Dörfer – zu errichten. Die Planungen solcher Dörfer enthalten oft eine Gemeinschaftshalle in der Dorfmitte. Diese Treffpunkte werden jedoch selten genutzt, und Kirchen, die deren Nutzung beantragen, erhalten sie in der Regel kostenlos, solange sie soziale Dienstleistungen anbieten. Einige Beispiele von kreativen Diensten der Kirche für die Öffentlichkeit seien hier vorgestellt:

Für Alleinstehende wird es zunehmend schwierig, einen Lebenspartner für eine gesunde und nicht missbräuchliche Beziehung zu finden. Viele Männer und Frauen sind nicht mehr in der Lage, eine stabile Beziehung einzugehen. Singlebörsen und Partneragenturen sind in vielen Ländern ein wachsender Markt. Darunter finden sich viele zweifelhafte und teilweise sogar gefährliche Anbieter. Kirchen in einigen westlichen Ländern bieten daher Singlebörsen in einem gesunden und sicheren Raum an. Eine Kirche in Bielefeld hat zum Beispiel einen solchen Club für Singles ins Leben gerufen. Die Singles treffen sich in der Kirche, aber sie können auch mit einem Eheberater oder einem persönlichen Coach Kontakt aufnehmen. Dies hilft ihnen dabei, grundlegende Fehler zu Beginn einer Beziehung zu vermeiden und gibt sowohl den suchenden Singles als auch ihren jungen Beziehungen Stabilität. Der Verein kann auch gemeinsame christliche Freizeiten, Abenteuertage und ähnliche Unternehmungen organisieren.

Oft erwachsen aus dem Singletreff weitere Initiativen, z.B. Ehe-Kurse. Moderne Ehen stehen vielfach unter Druck. In der westlichen Welt hält nur eine von drei Ehen länger als fünf Jahre, eine gute Eheberatung ist also dringend notwendig. Die Kirchen reagieren unterschiedlich auf die Situation. Manche bieten Kurse für die Bereicherung einer Ehe an. Die Treffen für die Paare finden wöchentlich oder zweiwöchentlich statt und werden in einer einladenden Atmosphäre durchgeführt, zum Beispiel im Rahmen eines Abendessens. Manche Eheberater bieten Kurse und Programme an, die zur »ersten Liebe« zurückführen wollen. Im Laufe des Kurses wird die Möglichkeit einer direkteren Beratung und Betreuung angeboten. Mit der Zeit wächst die Gruppe so fest zusammen, dass sich die Teilnehmer oft dafür entscheiden, die Gruppe auch nach dem Ende des Kurses bestehen zu lassen. Dann kann die Kirche einen Fortsetzungskurs anbieten oder vorschlagen, eine eigene kleine Gesprächsgruppe zu gründen.

Familienzentrierte Kirchen in Deutschland bieten oft Elternkurse für junge Paare an, zum Beispiel in Hamburg. Wenn die eigene Herkunftsfamilie weit entfernt ist, stellen die jungen Leute oft fest, dass sie mit der Kindererziehung überfordert sind. Manchmal werden schon die grundlegenden ersten Schritte in ein Leben als Eltern zu einem Albtraum für das Paar. Ein Vorbereitungskurs für solche Paare ist oft der erste Schritt zu einer Lösung der Probleme. Einige Kirchen vermitteln ältere Paare als Mentoren oder Coaches, um die jungen Eltern in diesen entscheidenden Jahren der Elternschaft zu unterstützen. Dadurch entsteht oft eine tiefe Beziehung nicht nur zum Mentor, sondern auch zu der Kirche, die diese Dienstleistungen organisiert.

In unseren modernen Städten leiden viele Familien unter anhaltenden finanziellen Problemen, und dies ist nicht nur ein Problem der Armen. Vor allem Menschen der Mittelschicht verlieren oft den Überblick über ihre Finanzen und geben mehr aus, als klug wäre. Die Ergebnisse sind Privatinsolvenzen, ständige Finanznot, der Verlust von Wohnung und Eigentum, Alkoholismus, Drogensucht oder Scheidung. Die Kirchen können Hilfe und Unterstützung für diese Familien anbieten und organisieren, z.B. eine individuelle Finanzberatung als einen ersten Schritt. Hier können die in Not geratenen Familien erkennen, wo sie Fehler gemacht haben, und qualifizierte Hilfe finden. Oft bieten diese Kirchen auch an, die finanziellen Verpflichtungen zu übernehmen, die die Familie nicht mehr bedienen kann. So entsteht eine langjährige Beziehung, die in ein tiefes Vertrauensverhältnis führen kann.

Eine Kirche in Westdeutschland organisiert regelmäßig einen Flohmarkt, bei dem Menschen des Stadtviertels ihre gebrauchten Kleider anbieten können und gleichzeitig Bekleidung für ihre eigenen Kinder erstehen können. Die Kirche bietet günstig Kaffee und Kuchen an, oft kommt man dabei ins Gespräch und die Familien lernen andere Angebote der Kirche kennen. Manchmal werden auch andere Sozialdienste eingeladen, ihre Angebote vorzustellen. Einige Familien finden hier zum ersten Mal Unterstützung, auf die sie schon lange gehofft hatten. Die Kirche wird zu einem Ort konkreter Hilfe.

10.6.7 Freizeitangebote

Urban Gardening hat sich in vielen Ländern zu einer landesweiten Leidenschaft entwickelt. Selten wissen die Leute jedoch, wie man einen Garten gut anlegt. Hier ist qualifizierte Hilfe willkommen. Einige Kirchen, wie eine Kirche in Graz, Österreich, bieten einen sogenannten »Gartenverein« an. Wer hier Mitglied wird, findet (a) Unterstützung von einem Fachmann; (b) Hilfe für die Anschaffung von Werkzeugen; (c) Gemeinschaft mit anderen passionierten Gärtnern. Der »Gartenverein« trifft sich zweimal im Monat in der Kirche. Einige Kirchen bieten kleine biblische Einführungen in die ökologische Gartenarbeit an, andere laden regelmäßig einen professionellen Gärtner für einen Vortrag zu bestimmten Themen ein. So entsteht bald eine feste Gruppe und damit eine Chance für die Kirche, mit der Gruppe auch geistlich zu arbeiten.

Eine deutsche Kirche entdeckte in ihrer Nachbarschaft ein dringendes Problem. Muslimische Migranten lebten weit von Lebensmittelgeschäften entfernt und mussten stundenlang mit den Einkäufen auf dem Rücken zu ihren Unterkünften zurücklaufen. Die örtliche Kirche beschloss, den Frauen Fahrräder zur Verfügung zu stellen, um ihnen die Situation zu erleichtern. Die Frauen konnten jedoch kein Fahrrad fahren. So entstand die Idee der Fahrradfahrschule. Deutsche Frauen aus der Kirche wurden zu ihren Lehrerinnen. Einige Muslima meldeten sich an, doch keine von ihnen besaß ein Fahrrad, denn sie konnten sich keines leisten. Die Kirche reagierte sofort, schlug einigen älteren Männern vor, eine Fahrradwerkstatt zu gründen, und bat die Menschen der Nachbarschaft, ihre alten Fahrräder der Kirche zur Verfügung zu stellen, sodass die Migranten sie nutzen konnten. Bald waren einige Fahrräder repariert und wurden den Frauen übergeben. Jetzt erhielten sie echten Fahrunterricht. Muslimische Frauen kommen jedoch nie allein; sie sind Mütter vieler Kinder. Als die Kinder ihre Mütter mit dem Fahrrad fahren sahen, wollten auch sie ein Fahrrad haben. Die Reparaturwerkstatt bekam noch mehr Arbeit. Nachbarn wurden gebeten, sie zu unterstützen, und es entstanden neue Freundschaften. Nur ein Jahr später begann die Kirche mit besonderen Gottesdiensten für muslimische Familien.

Manche Kirchen bieten Spielplätze für Kinder des Stadtviertels an. Einige nutzen ihre Vorhöfe, andere den Gottesdienstraum. Sie bauen den Raum am Montag zu einem Spielplatz für Kinder um und öffnen ihre Türen an mehreren Tagen in der Woche. Normalerweise wird auch ein kleines Café für die Eltern angeboten. Hier können sie ihren Kindern zuschauen, sich mit anderen Eltern unterhalten oder sogar ein Beratungsgespräch wahrnehmen.

Ähnlich wie Kinderspielplätze bieten Kirchen in Deutschland Erholungsräume für ältere Menschen an. Dies können einfache Treffpunkte für ältere Menschen zum Reden oder für Gemeinschaftsspiele sein, nette Videoabende oder gar organisierte Ausflüge. In vielen Ländern stellen die örtlichen Behörden Räume für solche Projekte zur Verfügung.

Eine Kirche in Oberberg bietet Tanz- und Kunstkurse für Kinder und Erwachsene an. So bereichert sie das kulturelle Leben der Stadt und schafft einen großartigen Raum für Gemeinschaft mit ihren Nachbarn. Eine Kirche, die eine solche Schule anbietet, zeigt deutlich ihre soziale und kulturelle Relevanz für die Gesellschaft.

Eine Darmstädter Kirche bietet Kochkurse für die Nachbarschaft an, die speziell für ältere Männer, junge Familien oder passionierte Hobbyköche konzipiert sind. Normalerweise wird ein Profikoch aus einem benachbarten Restaurant eingeladen, sein Wissen zu teilen. In einer multikulturellen Umgebung können sich die verschiedenen Gruppen gegenseitig in ihre jeweiligen Kochkünste einführen.

10.6.8 Die Kirche als Versöhnungszentrum

Gesellschaftliche Vermittlung ist zu einem der drängendsten Themen in unseren multikulturellen und zunehmend pluriformen Gemeinschaften geworden. Die Kirche kann darauf reagieren, indem sie an ihrem Ort zu dem wird, was wir ein Versöhnungszentrum nennen.[211]

Eine Kirche in München sowie viele andere Kirchen im ganzen Land bieten Beratung für Ehepaare und Familien in Krisensituationen an. Eine Kombination aus Familientherapie und engmaschiger Begleitung durch ein Mentoring-Programm mit einer gesunden christlichen Familie bietet große Chancen für zerbrochene Familien, Hoffnung zu gewinnen, sich zu verändern und zu heilen. Oft führt eine Beziehung zu einer christlichen Familie dazu, dass das Paar die Kirche besucht und an seiner Beziehung zu Gott arbeitet.

Auf ähnliche Weise unterhält eine weitere evangelische Kirche in Chemnitz ein Zentrum für Nachbarschaftsversöhnung. Verfeindete Nachbarn haben die Möglichkeit, ihre Streitigkeiten unter der Leitung von ausgebildeten Mediatoren der Kirche beizulegen, bevor sie den Streit vor Gericht tragen. Die Ergebnisse sind erstaunlich, berichtet einer der Pastoren. »Unser Stadtteil ist bekannt für die vielen Gerichtsverfahren wegen Streitigkeiten unter Nachbarn. Seit wir unsere Vermittlungsgespräche anbieten, verändert sich die Kultur rund um unsere Kirche. Einige Nachbarn kamen sogar zu den Gottesdiensten. Nur wenige hatten jemals ein Kirchengebäude von innen gesehen. Jetzt kommen sie und wollen mehr über unsere Beziehung zu Gott und zueinander erfahren.«

10.6.9 Unbegrenzte Möglichkeiten

Die oben genannten Beispiele sind nur ein winziger Teil des möglichen gemeinschaftlichen Engagements der Kirche. Eine einfache Internetsuche wird Hunderte von neuen Ideen hervorbringen. Kirchen bieten

211 Weitere Informationen s. Johannes Reimer: Wo Versöhnung zu Hause ist. Gemeinde als Versöhnungszentrum, Mittenaar-Bicken 2020.

Service-Teams für alle Festzeiten des Lebens an, wie Geburtstagsfeiern, Hochzeiten, Beerdigungen oder alle möglichen Freizeitaktivitäten. Sie unterstützen die Menschen ihres Viertels bei der Sanierung von Wohnungen oder der Reparatur von Autos und bieten Hilfe bei der Ausbildung, der Vorbereitung auf die Hochschule oder einfach nur grundlegenden Sprachunterricht für Migranten an. Die Liste ist lang. Gemeinwesen entwickeln sich und damit ändern sich deren Bedürfnisse – und die Möglichkeiten für die Kirche zu dienen.

11 Eine gesellschaftlich orientierte Kirche – eine Frage der Leitung?

11.1 Gemeinschaftlich orientierte Leitung

Eine gesellschaftlich relevante Kirche braucht eine gemeinschaftsorientierte Leitung. Eine Kirchenleitung nach traditionellem Muster wird kaum eine Kirche hervorbringen, die an der öffentlichen Diskussion teilnimmt.[212] Sie braucht eine Führung, die sich theologisch in der Schrift verankert und sich zugleich der Mission Gottes in der Welt tief verpflichtet weiß. Eine solche Führung wird kontextbezogen im Stil und missional im Geist sein. Kennon L. Gallahan bietet in seinem Buch über effektive Kirchenleitung eine hilfreiche Grafik, in der die oben genannten entscheidenden Kategorien miteinander in Beziehung gesetzt werden.[213]

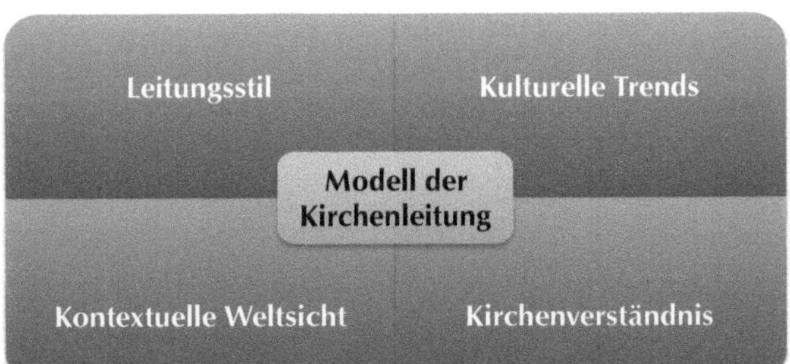

Abb. 8: Kategorien, die eine Kirchenleitung prägen

212 Callahan vergleicht verschiedene traditionelle und nach innen gerichtete Führungsmodelle und kommt zu dem Schluss, dass die meisten von ihnen per definitionem in der Mission nicht hilfreich sind (Kennon Callahan: Effective Church Leadership. Building on the Twelve Keys, San Francisco, CA 1990, S. 3ff).

213 Callahan S. 37f.

Im Anschluss an Callahans Kategorien suchen wir nach einem angemessenen Führungsmodell für eine Kirche mit einer politischen Mission.

11.2 Ein theologisch reflektiertes Ältestenamt

In seinem Buch »Mission on the Way« weist der US-amerikanische Missiologe Charles Van Engen darauf hin, dass eine effektive Mission der Kirche nur mit einer missionarisch ausgerichteten Leitung möglich ist. Van Engen zitiert Epheser 4,11-12, um seine These zu beweisen: »Christus selbst setzte Apostel, Propheten, Evangelisten, Pastoren und Lehrer ein, um seine Leute für ihren Dienst auszurüsten, sodass der Leib Christi auferbaut wird.«[214]

Paulus, der den Brief an die Epheser schrieb, hatte offensichtlich ein Team begabter Menschen vor Augen, das die Kirche im Wachstum anleitete. Nach seiner Überzeugung ist es buchstäblich eine Illusion, von einem einzelnen Pastor zu erwarten, dem Anspruch dieses Textes zu entsprechen. George Barna sagt sogar, dass eine Ein-Mann-Führung per definitionem gar nicht jedes Mitglied in seinem Dienst begleiten kann, der ihm oder ihr von Gott zugewiesen wurde.[215] Das geniale Modell des Neuen Testaments heißt APEPL – ein Fünferteam: Apostel, Prophet, Evangelist, Pastor und Lehrer. Sie sind von Gott erwählt, um den Dienst der Gemeinde voranzubringen.[216] Was bedeutet das für die Praxis?

11.3 Strategische Kompetenz

Die ersten, die auf der Liste genannt werden, sind die Apostel. Der Inhalt ihres Dienstes ist offensichtlich. Paulus selbst und die zwölf Jünger

214 Charles Van Engen: Mission on the Way. Issues in Mission Theology, Grand Rapids 1996, S. 233.

215 George Barna: The Power of Team Leadership, Colorado Springs 2001, S. 18ff.

216 Ausführlicher in Barna, The Power of Team Leadership.

Jesu wurden Apostel genannt, sowie eine ganze Reihe weiter Männer und sogar eine Frau: Matthias (Apg 1,26), Jakobus (Gal 1,19); Barnabas (Apg 14,3.4.14), Apollos (1Kor 4,6-9), Timotheus (Apg 19,22), Silas/ Silvanus (Apg 15,22), Tychikus (2Tim 4,12), Judas (Apg 15,22), Andronikus (Röm 16,7) und Junia, eine Frau (Röm 16,7). Insgesamt finden sich 32 Namen, die *expressis verbis* Apostel genannt werden.[217]

Heute wird der Begriff »Apostel« in westlichen Kirchenkreisen aus verständlichen Gründen weitgehend vermieden.[218] Ein Grund besteht in der Verwendung des Begriffs durch manche Sekten, wie die Neuapostolische Kirche. In der übrigen Welt ist man weniger zurückhaltend. Die im Süden ausgeübte Freiheit könnte alle Christen in der Welt ermutigen, den Begriff wieder in seiner ursprünglichen biblischen Bedeutung zu verwenden.

Der neutestamentliche Begriff *apostolos* steht für eine missionarische Figur, die gesandt ist, das Evangelium des Reiches zu verkünden und die Kirche als lebendiges Zeichen des Reiches aufzubauen.[219] Das klassische Beispiel eines Apostels ist Paulus.[220] Sein Leben und sein Dienst werden in den Schriften am ausführlichsten dargestellt. Diese Berichte ermöglichen es, das apostolische Profil zu rekonstruieren. Apostel wie Paulus gründeten (1Kor 2,6) und festigten Kirchen (Röm 1,11) und lehrten sie, Verantwortung für die Mission zu übernehmen. Am ehesten könnte man ihn als Missionar und Missionarsstratege beschreiben. Wie leitet ein Apostel die Kirche? Wie ermöglicht er den Mitgliedern der Kirche, das zu tun, was Gott ihnen aufgetragen hat? Paulus schreibt in 1Kor 3,5-9:

> »Wer ist denn Apollos und wer ist Paulus, dass ihr euch unseretwegen streitet? Wir sind doch nur Diener. Durch uns hat Gott euch zum Glauben geführt; jeder von uns tat die Arbeit, die der Herr

217 David Cannistraci: Apostles and the Emerging Apostolic Movement: A Biblical Look at Apostleship and How God Is Using It to Bless His Church Today, Ventura 2001 (dt: Apostolische Leidenschaft. Ein Feuer, das die Welt verändert, Fürth 2001), S. 67. Cannistraci behandelt ausführlich Person und Rolle der Junia (S. 100ff).

218 Siehe Grudem, Systematic Theology, S. 911.

219 Kittel/Friedrich, TWNT, I, 421f.

220 Kittel/Friedrich, TWNT, I, 438.

> ihm auftrug. Meine Aufgabe bestand darin, den Samen in eure Herzen zu pflanzen, und Apollos hat ihn bewässert; aber es war Gott - nicht wir -, der ihn wachsen ließ. Wichtig ist nicht der, der pflanzt oder bewässert, wichtig ist Gott, denn er lässt den Samen wachsen. Derjenige, der pflanzt, und derjenige, der bewässert: Beide arbeiten zusammen auf dasselbe Ziel hin. Belohnt aber wird jeder für sich, entsprechend seiner Arbeit. Wir arbeiten Hand in Hand an derselben Sache als Menschen, die zu Gott gehören. Ihr seid Gottes Acker, sein Bauwerk - nicht unseres.«

Paulus definiert also seinen Dienst als Pflanzen und Bewässern des Glaubens. Mit anderen Worten, die Menschen werden zum Glauben geführt und wachsen im Glauben durch einen Apostel. David Cannistraci hat das apostolische Amt eingehend untersucht und fasst es mit den gleichen zwei Begriffen zusammen: Glauben zu pflanzen und zu kultivieren.[221]

Paulus bezeichnet Apollos sowie sich selbst in 1Kor 3,6-7 als einen, der pflanzt (*ho phyteuōn*), und einen, der gießt (*ho potizōn*). Pflanzen und Gießen haben beide entscheidenden Anteil am Wachstum und werden sowohl in den Schriften des Alten als auch des Neuen Testaments häufig erwähnt.[222] Beide sind mit dem Lehren verbunden.[223] Es ist beeindruckend zu sehen, wie Paulus seine apostolische Aufgabe ausführte, indem er zahlreiche Kirchen »pflanzte« und sie zur Reife führte, zum Beispiel in Antiochia (Apg 11,26), Korinth (Apg 18,11); Ephesus (Apg 19,9; 20,31) und anderswo. Sobald er sah, dass die Kirche stabil genug war, ernannte er eine örtliche Leitung und zog weiter, um zu evangelisieren und neue Kirchen in Gebieten zu gründen, die noch mit dem Evangelium erreicht werden mussten (siehe z.B. Röm 1,1ff).

Es geht ihm ganz grundsätzlich darum, Gottes Reich in der Welt voranzutreiben, und er setzt diesen Auftrag strategisch um. Er versteht

221 Cannistraci, Apostles, S. 111.
222 Pflanzen als theologische Kategorie wird erwähnt z.B. in 1Mo 15,17; 2Sam 7,10; Ps 1,3; 80,16; 92,14; Jer 2,21; 11,17; 42,10; Mt 15,13; 21,33; Röm 6,5; Jak 1,21 u.a. Zum Gießen siehe Jes 44,3 u.a.
223 Vgl. Heinz-Dietrich Wendland: Die Briefe an die Korinther, NTD Bd. 7, Göttingen 1977, S. 33.

den Kontext und findet Wege, das Evangelium zu kontextualisieren, indem er den Juden ein Jude und den Griechen ein Grieche wird (1Kor 9,19ff). Die Mission der Kirche ist in ihrer Strategie grundsätzlich apostolisch. Die apostolische Führung muss bestimmen, was Kirche in ihrer ganzheitlichen Mission bedeutet und sie darin anleiten, einschließlich in ihrer politischen Mission.

11.4 Geistliche Kompetenz

An zweiter Stelle erwähnt Paulus die *Propheten.* Sie sind ebenfalls berufen, den Heiligen ihren Dienst zu ermöglichen. Propheten sind für die Mission der Kirche unentbehrlich.[224]

Das Alte Testament beschreibt einen Propheten als eine Person, die eine göttliche Botschaft empfängt,[225] die öffentlich verkündet werden muss.[226] Das Wort eines Propheten ist häufig eine theologische Interpretation sozialer und politischer Ereignisse. So interpretieren die prophetischen Stimmen den Fall Samarias 721 v.Chr. im Lichte von Israels Beziehung zu Gott.[227]

Der Prophet offenbart eine andere, eine göttliche Perspektive auf das historische Ereignis. Er zeigt auf, wo Gott in der menschlichen Erfahrung zu finden ist. Zudem kündet sein Wort Gottes Gericht und Errettung in einem konkreten historischen Kontext an. Max Turner sieht die Prophetie als Gottes Weg, seinen göttlichen Willen in eine

224 Siehe R. Schnackenburg: Der Brief an die Epheser, EKK, Band 10. Zürich u.a. 1982, S. 183; Markus Barth: Epheser 4–6. A New Translation with Introduction and Commentary, The Anchor Bible, Vol. 32a, New York u.a. 1960, S. 435-436, u.a.

225 hebr. *nabi* = einer, der angerufen wurde, *roaeh* = einer, der sieht, und *isch ha elohim* = ein Mann Gottes. Mehr dazu in: O. Betz: »Prophetie«, in: Burkhardt, H. u.a. (Hg.): Das große Bibellexikon, Bd. 3, Wuppertal/Gießen 1990, S. 1231-1240.

226 Grudem, Systematic Theology, S. 13ff.

227 Über Prophetie als offenbarte Interpretation von Geschichte vgl. Felix Flückinger: Das Wesen biblischer Prophetie, in: Maier, Gerhard (Hg.): Zukunftserwartung in biblischer Sicht, Wuppertal 1983, S. 22ff.

konkrete Situation seines Volkes hineinzusprechen.[228] Prophetie im Neuen Testament folgt einem ähnlichen Muster.[229] Auch hier offenbart Gott seinen Willen in eine konkrete Lebenssituation hinein. Wir sehen, wie der Ruf Gottes in die Mission (Apg 15,28ff), persönliche Führung im Dienst (Apg 16,6-13; 18,10), Warnung vor einer bevorstehenden Hungersnot (Apg 11, 28) und persönliches Schicksal angekündigt werden (Apg 20,23; 21,4.11). In all dem spricht Gott direkt und konkret. Paulus warnt die Kirche in Thessalonich: »Unterdrückt den Heiligen Geist nicht. Verachtet das prophetische Reden nicht« (1Thess 5,19-20).

Das Neue Testament enthält viele prophetische Texte. Aune[230] und Turner[231] identifizieren viele prophetische Sprüche, sowohl solche, die an alttestamentliche Prophezeiungen angelehnt sind als auch neue prophetische Worte. Aune zählt im Neuen Testament 59 Prophezeiungen.[232] Er ordnet sie in die folgenden 6 Kategorien ein:

1. Worte des Zuspruchs (Apg 18,9; 23,11; 27,23-24; 2Kor 12,9 u.a.)
2. Worte der Führung (Gal 5,21; Apg 13,2; 21,4; 2Thess 3,6; u.a.)
3. Worte, die Rettung verheißen (Offb 14,13; 19,9 u.a.)
4. Worte des Gerichts (Apg 13,9-11; 1Kor 14,37-38; Gal 1,8-9)
5. Worte der Legitimierung (1Kor 12,3) und Selbstvorstellung (Offb 1,8.17)
6. Worte der Vorhersage einer eschatologischen Zukunft (Röm 11,25-26; 1Kor 15,51-52; 1Thess 4,16-17)

Die Schriften des Neuen Testaments offenbaren die Natur des prophetischen Wortes als direktes und konkretes Sprechen in eine gegebene Situation.[233] Prophetie verwirklicht Gottes Wort in Zeit und Raum.

228 Max Turner: The Holy Spirit and Spiritual Gifts Then and Now, Carlisle 1996, S. 190.
229 Turner, The Holy Spirit, S. 187ff; David Aune: Prophecy in Early Christianity and the Ancient Mediterranean World, Grand Rapids 1983.
230 Aune, Prophecy, S. 247f, 317f.
231 Turner, The Holy Spirit, S. 204-205.
232 Aune, Prophecy, S. 441; Turner, The Holy Spirit, S. 205.
233 Aune, Prophecy, S. 338.

Paulus drückt dies in 1.Korinther 14,3 folgendermaßen aus: »Wer dagegen prophetisch redet, der hilft anderen, im Glauben an den Herrn zu wachsen, und er ermutigt und tröstet sie.«

Stärkung zum Wachstum, im Griechischen *oikodomē*, bedeutet, eine Person in ihrer aktuellen Situation zu begleiten. Hier bezeichnet es die Hilfe für einen Christen, den ihm eigenen und angemessenen Ort und Dienst in der Nachfolge Christi zu finden. Das prophetische Wort gibt den Christen Orientierung auf ihrem Weg mit Gott. Ein gutes Beispiel dafür ist Leben und Wirken des Apostels Paulus. Er beginnt seine Mission aufgrund eines prophetischen Dienstes (Apg 13,1ff) und wird auf all seinen missionarischen Unternehmungen vom prophetischen Wort begleitet (z.B. Apg 20,23).

Ermutigung, *paraklēsis,* zeigt den richtigen Weg der Nachfolge Jesu und weist auf mögliche Fallstricke hin.[234] Das parakletische prophetische Wort analysiert die Muster von Leben und Dienst, weist auf alles Sündhafte darin hin und korrigiert den Weg eines Gläubigen oder der Gemeinde als Ganzes.

Schließlich beschreibt Trost, *paramythia,* Gottes gnädige Hilfe auf dem Weg mit Gott. Zusammen beschreiben die drei Begriffe, wie Gott konkret in Zeit und Raum bei der Gestaltung des Lebens und Wirkens der Kirche mitwirkt.

Nach 1Kor 14,29-32 dienen Propheten in der Gemeinde und vor allem im Gottesdienst, sowohl Männer als auch Frauen (1Kor 11,5). Paulus erwartet sogar, dass die ganze Gemeinde in geordneter Weise prophetisch redet, ein Prophet nach dem anderen.

In 1Kor 14,29 lesen wir: »Lass zwei oder drei prophetisch reden und die anderen beurteilen, was gesagt wurde.« Es wird deutlich, dass erwiesen werden muss, dass eine Prophezeiung richtig ist. Dabei ist es die Kirche, die das Gesagte als gesamte Gemeinschaft prüft und beurteilt. Andere Beispiele zeigen, dass Propheten ihre Gabe auch außerhalb von Gottesdiensten ausübten, wie Agabus, der Paulus vor seiner Inhaftierung in Jerusalem warnte (Apg 21,10ff), oder die Töchter des Evangelisten Philippus, die ihre Gabe offenbar zu Hause auszuübten (Apg 21,9). Die Kirchen des Neuen Testaments kannten und schätzten

234 S. 1Kor 14,24-25, wo der Ausdruck für den Gottesdienst gebraucht wird.

das prophetische Wort. Petrus ermutigt sie, an dem prophetischen Wort festzuhalten (2Petr 1,19), auch in Zeiten, in denen viele falsche Propheten in den Gemeinden auftreten und für Unruhe sorgen (2Petr 2,1-22). Es gibt offenbar keine Alternative zur Prophetie. Sie steht im Zentrum dessen, was die apostolische Führung der Kirche ausmacht (Eph 4,11). Dies gilt insbesondere, wenn es um Mission geht. Es ist der Geist Gottes, der »die Welt von ihrer Sünde und Gottes Gerechtigkeit und vom Gericht überzeugen« wird (Joh 16,8). Dieser Geist spricht durch seine Propheten.

11.5 Kommunikationskompetenz

Die dritte Kompetenz, die Paulus in Eph 4,11 erwähnt, sind die *Evangelisten.* Das Wort leitet sich vom griechischen Wort *euangelion* ab und bedeutet »gute Nachricht«. Ein Evangelist übermittelt also eine gute Nachricht. Das Prinzip ist im Neuen Testament an mehr als 50 Stellen zu finden, aber nur dreimal wird ausdrücklich ein Evangelist erwähnt. Neben unserem Ausgangstext in Eph 4,11 werden Philippus, ein Diakon der Kirche in Jerusalem (Apg 21,8), und Timotheus (2Tim 4,5) Evangelisten genannt. Was tut ein Evangelist? Walter Klaiber argumentiert, dass der Begriff seine Bedeutung von der alttestamentlichen Idee eines Freudenboten ableitet, der Israel die Errettung des Herrn und den Frieden ankündigt.[235] Der Bote des Friedens wird im Alten Testament häufig erwähnt.[236] Tatsächlich hängen die griechischen Worte für Bote, *angelos* und *euangelizesthai* zusammen. Ein Evangelist, *euangelistēs*, ist, wie es scheint, ein Bote, der den Sieg Gottes über die Kräfte der Finsternis verkündet. David J. Bosch weist auf Jesus hin, der die frohe

235 Walter Klaiber: Ruf und Antwort. Biblische Grundlagen einer Theologie der Evangelisation, Gütersloh 1990, S. 34.

236 Vgl. Jes 52,7; 61,1; Nahum 1,15. Siehe auch Röm 10,15.

Botschaft des Reiches verkündet hat (Mk 1,15).[237] Seine Verkündigung war die Proklamation der Herrschaft Gottes in Wort und Tat.[238]

Die Beispiele des Philippus und des Timotheus zeigen, worin der Dienst eines Evangelisten in der frühen Kirche bestand:[239] Philippus verkündete »die Botschaft vom Reich Gottes und vom Namen Jesus Christus« (Apg 8,12), genauso wie Timotheus, ein »Mitstreiter für Gott … in der Verbreitung der guten Botschaft von Christus« (1Thess 3,2). Die Evangelisten waren, so scheint es, Männer und Frauen, die an der aktiven Verkündigung und an der Ausbildung der Gemeindemitglieder zur Verkündigung des Evangeliums in Wort und Tat beteiligt waren. Sie sind begabt, das Ohr des Volkes zu erreichen.[240] Sie wissen, wie sie das Evangelium effektiv vermitteln können. Ohne sie gerät die Gemeinde in die Gefahr, an den Menschen vorbeizureden, wenn sie das Evangelium präsentiert. Alle Mission ist gleichzeitig politisch und ein Akt der Kommunikation. Die Gabe eines Evangelisten ist entscheidend, um Mission effektiver zu machen.

11.6 Mentoring-Kompetenz

Christliche Mission baut auf der geistlichen, emotionalen und persönlichen Stabilität ihrer Akteure auf. Nach Eph 4,11 ist es die Aufgabe

---

237 David J. Bosch: »Evangelisation/Evangelisierung«, in: Karl Müller; Theo Sundermeier (Hg.): Lexikon missionstheologischer Grundbegriffe, Berlin 1987, S. 102.

238 Bosch definiert: »Am besten wird *Evangelisation* verstanden als a) jene Aktivitäten, die mit der Ausbreitung des Evangeliums zusammenhängen [...], und b) als die theologische Reflexion über diese Aktivitäten, während *Evangelisierung* sich auf den *Prozeß* der Ausbreitung bezieht, oder auf das *Ausmaß*, in welchem es verbreitet wurde.« (Ebd.; vgl. Bosch, Transforming Mission, S. 409).

239 Nach Ian Howard Marshall waren die Evangelisten in apostolischer Zeit dafür verantwortlich, jede Verkündigung der Ortsgemeinde zu initiieren und zu organisieren: I. Howard Marshall: »Who were the Evangelists?«, in: Jostein Adna; Hans Kvalbei (Hg.): The Mission of the Early Church to the Jews and Gentiles, Tübingen 2000, S. 251ff.

240 Ebd., S. 179.

eines *Pastors,* die Gemeindemitglieder zur Stabilität anzuleiten.[241] Er ist der Ratgeber und Begleiter der Gemeinde und führt sie zur Reife, in einen Zustand, in dem die Mitglieder sich gegenseitig beistehen und einander Rat geben können (Kol 3,16).[242] Die Kirche ist, wie Dietrich Bonhoeffer sagt, eine »Liebesgemeinschaft« und ein Ort des »Füreinanderwirkens«.[243]

Die Verantwortung des Pastors beschränkt sich jedoch nicht auf die seelsorgliche Begleitung innerhalb der Kirche. Paulus schließt alle Menschen in dieses Amt ein. In Kolosser 1,27-28 lesen wir: »Denn Gott wollte ihnen sagen, dass der Reichtum der Herrlichkeit dieses Geheimnisses auch für die anderen Völker bestimmt ist. [...] Wir warnen die Menschen und lehren sie mit aller Weisheit, die Gott uns geschenkt hat, denn wir möchten sie als Menschen vor Gott hinstellen, die im Glauben an Christus vollkommen sind.« Paulus gebraucht hier zwei Schlüsselbegriffe *katangellō,* ein griechischer Begriff, der öffentliche Proklamation meint,[244] und *noutheteō,* was bedeutet, in praktischen Lebensfragen die Denkweise zu ändern. Der Pastoraldienst konzentriert sich auf die Erbauung und Bildung der Menschen in Einklang mit dem Evangelium. Pastoren sind Mentoren der Mission.

Die Kirche Christi ist Gottes Ort, an dem Menschen ihre persönliche und geistige Reife und Identität finden. Es ist eine der wichtigsten Aufgaben eines Pastors, der die Gabe der *paraklēsis* (der Fähigkeit, zu trösten und zu ermahnen) besitzt, die Gläubigen zu stärken und zu begleiten (Röm 12,8). Er besitzt eine »seelsorgerliche Kompetenz«[245], die nach Ziemer aus folgenden Kategorien besteht: persönliche, kommunikative, hermeneutische, geistliche und Theoriekompetenz.[246]

241 Von frühester Zeit an hat die christliche Kirche eine solche Sichtweise gefördert. Vgl. Jürgen Ziemer: Seelsorgelehre. Eine Einführung für Studium und Praxis, Göttingen 2000, S. 62ff.

242 Vgl. Ziemer, Seelsorgelehre, S. 121f; die Kirche ist der Hauptakteur der Seelsorge (S. 123).

243 Dietrich Bonhoeffer: Sanctorum Communio, München 1954, S. 132, 139; vgl. Ziemer, Seelsorgelehre, S. 122.

244 Vgl. z.B. Joachim Gnilka: Theologie des Neuen Testaments, HThKNT, Supplementband, Freiburg u.a. 1991, S. 103.

245 Ziemer, Seelsorgelehre, S. 182.

246 Ebd., S. 182-185.

Mit anderen Worten, wenn Pastoren missional bleiben wollen, müssen sie folgende Eigenschaften besitzen:

- Eine reife Persönlichkeit
- Eine effektive Kommunikation
- Eine Kenntnis der menschlichen Natur und die Fähigkeit, menschliches Verhalten zu analysieren
- Eine tiefe persönliche Spiritualität
- Ein biblisches und theologisches Verständnis.

Man könnte Sensibilität hinzufügen, oder wie Helmut Tacke es ausdrückt, »ein feines Gehör zum Vernehmen des Hilferufes«.[247]

Pastoren ermöglichen und begleiten den transformierenden Prozess des Wandels in individuellen Lebensgeschichten und daraus folgend in einer ganzen Gemeinschaft. Wo ihr Dienst fehlt, wird soziale Gleichgültigkeit in der Kirche und in der Gemeinschaft herrschen. Als Folge davon verwandelt sich die Kirche bald in eine unreife und mit Minderwertigkeitskomplexen beladene Sekte, die nie in der Lage sein wird, die sie umgebende Gesellschaft zu ändern und zu verwandeln. Pastorale Kompetenz ist keine Option, sie ist eine Notwendigkeit für eine Kirche, die sich in den Dienst der Öffentlichkeit stellt.

11.7 Theologische Kompetenz

Eine missionarische Kirche wird sich in der Heiligen Schrift verwurzeln. Darin folgt sie Jesus als ihrem Vorbild. Er begann seinen Dienst mit der Inkarnation des Wortes Gottes in die menschliche Realität (Joh 1,1.14). Hier nimmt Gottes Wort der Versöhnung Gestalt an und wird eine Wirklichkeit, durch die Menschen leben können (2Kor 5,18). Um das umzusetzen, muss sie das Wort Gottes kennen und verstehen. Dies ist die Aufgabe der *Lehrer* in einem apostolischen Team.

247 Helmut Tacke: Glaubenshilfe als Lebenshilfe, Neukirchen-Vluyn 1975, S. 92ff.

Die Bedeutung des Lehrens wird durch den Missionsbefehl bei Matthäus unterstrichen. In Matthäus 28,19-20 befiehlt Jesus seinen Jüngern:

> »Darum geht zu allen Völkern und macht sie zu Jüngern. Tauft sie im Namen des Vaters und des Sohnes und des Heiligen Geistes und lehrt sie, alle Gebote zu halten, die ich euch gegeben habe. Und ich versichere euch: Ich bin immer bei euch bis ans Ende der Zeit.«

Jünger werden durch Lehre gemacht! Folgerichtig betonte die erste Kirche, unmittelbar nachdem sie am Pfingsttag gegründet worden war, die Lehre als eines ihrer wichtigsten Ämter (Apg 2,42ff). Und Paulus erwartet von den Gemeindeleitern Lehrerqualitäten (1Tim 3,1ff). Der Lehrer ist wichtig für ein apostolisches Team.

Solche Lehrer sind jedoch mehr als ausgebildete und sachkundige Spezialisten der christlichen Lehre. Sie sind zuerst und vor allem vom Heiligen Geist begabt und geführt, wie der US-amerikanischen Theologe Kenneth Gangel betont.[248] Gott gibt ihnen die Gabe der Lehre (Röm 12,6-7; Eph 4,11; 2Tim 2,2). Wie sein Meister ist der Gemeindelehrer »ein Lehrer von Gott« (Joh 3,2). Wie also lehrte Jesus? Sein Lehramt lässt sich folgendermaßen zusammenfassen:

1. Jesus bezieht sich häufig auf die heiligen Schriften des Alten Testaments. Seine Lehre ist an die Offenbarung Gottes in der Schrift gebunden.
2. Die Lehre Jesu ist von Autorität geprägt. In Matthäus 7,28-29 lesen wir, dass seine Zuhörer erstaunt darüber waren, wie und was er predigte, »denn er sprach mit Vollmacht – anders als die Schriftgelehrten.« Seine Autorität beruhte offensichtlich auf der Tatsache, dass seine Worte und Taten übereinstimmten. Wo er sprach, folgten Zeichen und Wunder.
3. Die Lehre Jesu entsprang einer engen Beziehung zu Gott, seinem Vater. Er selbst sagt: Ihr werdet erkennen, »dass ich nichts

248 Ebd., S. 37f.

von mir selbst aus tue, sondern das sage, was der Vater mich gelehrt hat« (Joh 8,28). Seine Lehre kommt von *oben*. Sie ist inspiriert *von* Gott und nicht nur eine Lehre *über* Gott.

4. Jesus lehrt kontextuell. Er nutzt die Situation, in der seine Zuhörer sich befinden. Nikodemus suchte ihn in der Nacht auf (Joh 3,1ff). Jesus lehrt am Sabbat in der Synagoge (z.B. Mt 4,23; 9,35), er diskutiert mit Kritikern und Feinden (Mk 12,13; 9,10-14 u.a.) und lehrt seine Jünger in ständigem persönlichem Kontakt (Mt 5–7).
5. Jesus nimmt sich Zeit. Lehren braucht Zeit. Jesus stößt Lernprozesse an und begleitet sie. Ein Beispiel dafür ist die Geschichte mit Lazarus. Martha und Maria lassen ihm mitteilen, dass Lazarus tödlich krank ist. Jesus hat jedoch keine Eile. Er kommt zu spät und sein Freund ist schon gestorben. Von diesem Punkt aus entfaltet sich die Geschichte. Jesus erweckt Lazarus von den Toten und lehrt seine Jünger eine grundlegende Wahrheit: Er selbst ist die Auferstehung und das Leben (Joh 11,25). Es ist faszinierend, dem Meister zuzuschauen, wie geduldig er seine Jünger immer wieder aufs Neue lehrt, auch dort, wo sie es längst besser hätten wissen können.

Lehrer folgen Jesus, dem Meisterlehrer. Sie legen den Grundstein für eine adäquate Mission.

11.8 Weniger ist fatal

Die Entwicklung einer missionarischen Kirche, die auf gesellschaftlichen Wandel abzielt, ist eine komplizierte Angelegenheit. Sie braucht eine effektive Leitung. Gott hat in der Kirche sein APEPL-Team eingesetzt, das in der Lage ist, die täglichen Aufgaben zu priorisieren, indem es strategische, analytische und kommunikative Fragen stellt und sich gleichzeitig um die persönliche und theologische Entwicklung aller Gemeindemitglieder kümmert. Dabei dürfen wir nicht vergessen, dass Gott selbst das Team eingesetzt hat und dass er entscheidet, was gerade wichtig und dran ist.

Der Erfolg der gesellschaftsverändernden Mission der Kirche hängt von der Beteiligung aller Mitglieder der Kirche ab. Sie müssen darauf vorbereitet werden, den einen speziellen Dienst zu tun, zu dem Gott sie berufen hat (Eph 4,12). So können beide wachsen – der einzelne Glaubende und die Kirche (Eph 4,13-16).

Hier liegt eines der größten Probleme der modernen Kirche. Greg Ogden spricht von der »unvollendeten Aufgabe« der Reformation in Europa. Die Reformatoren betonten zu Recht das Priestertum aller Gläubigen, versäumten es aber, Wege aufzuzeigen, wie dieser Anspruch erfüllt werden kann. Die Mitglieder der Kirche für den Dienst freizusetzen, kann zu einer »neuen Reformation« führen.[249] Dies ist die Aufgabe des APEPL-Teams. Viele Kirchen in der Welt scheinen diese grundlegende Wahrheit erkannt zu haben.[250] Führungsstrukturen, die weniger erwarten, werden diese Aufgabe nie erfüllen. Die Bedingungen, unter denen die Kirche in einer globalisierten und postmodernen Welt versucht, die frohe Botschaft des Reiches Gottes zu verkünden, sind anspruchsvoll und komplex. Deshalb werden strategische und prophetische Einsichten entscheidend sein, denn die Kommunikation in einer multikulturellen und multioptionalen Welt erfordert Fähigkeiten, die nur Gott geben kann. Es ist gefährlich, sich auf die Erfahrungen der Vergangenheit zu verlassen, wie es einige evangelikale Kirchen tun, und es gibt keine Hintertüren und wenig Alternativen. Es ist, wie Leonard Sweet sagt: »Schwimm oder geh unter!«[251] Eine gut geführte, politisch aktive missionarische Kirche wird schwimmen und nicht untergehen, wie Jesus es verheißen hat.

249 Greg Ogden: Unfinished Business. Returning the Ministry to the People of God, Grand Rapids 1990, S. 189f.

250 Siehe u.a.: Kenneth O. Gangel (Hg.): Team Leadership in Christian Ministry, Chicago 1997; George Gladis: Leading the Team-Based Church, San Francisco 1999.

251 Leonard I. Sweet: Soul Tsunami: Sink or Swim in the New Millenium Culture, Grand Rapids 1999.

12 Zu Hause und darüber hinaus

12.1 Lokale Wurzeln und globale Flügel

Der Ortscharakter der Kirche beschränkt ihre Mission nicht auf eine vorgegebene Gemeinschaft – ganz im Gegenteil. Wenn sie eine gehorsame Gemeinschaft des Reiches Gottes mit einer erkennbar lokalen Ausprägung wird, die in ihrem Kontext Gestalt annimmt und ihren Mitmenschen dient, indem sie ihr Gemeinwesen in einen besseren Lebensraum verwandelt, wird die Kirche die Führung des Heiligen Geistes als wichtigsten Faktor ihrer Mission erleben. Er ist der Herr der Mission (2Kor 3,17) und er führt die Kirche in alle Wahrheit (Joh 16,13). Wo er die Initiative ergreift, werden die Jünger Christi zu seinen Zeugen bis ans Ende der Welt (Apg 1,8).

Mission vor Ort öffnet immer die Tür für Weltmission; lokales Engagement führt zu globaler Verantwortung. Christliche Mission umfasst von Natur aus die ganze Welt. Die Kirche hat einen globalen Auftrag und eine lokale Ausprägung. Man könnte sagen: Sie hat tiefe lokale Wurzeln und mächtige globale Flügel, da sie dem Herrn der Herren, dem Schöpfer und Erhalter der Welt gehört.

Das globale Engagement der Kirche ist theologisch motiviert. Die moderne Welt liefert jedoch ein weiteres Argument – sie wird immer globaler. Entscheidungen, die weit entfernt getroffen werden, beeinflussen oft auch das Geschehen vor Ort. Die Wirtschaft wird zu einem großen Teil von multinationalen Konzernen kontrolliert. Sie scheinen kein Interesse daran zu haben, das lokale Gemeinwesen zu fördern, sondern eher daran, dort eigene Gewinne zu erzielen. Infolgedessen steigt und fällt die ökonomische Entwicklung lokaler Gemeinschaften in direkter Abhängigkeit von globalen wirtschaftlichen Entwicklungen. Zahlreiche entwurzelte globale Nomaden folgen dem Fluss von Kapitalinvestitionen, durch die lokale Gemeinschaften sowohl bereichert als auch beraubt werden. Es ist buchstäblich unmöglich, innerhalb der lokalen Rahmenbedingungen zu bleiben, wenn man die Lebensbedingungen vor Ort entwickeln und transformieren will. Eine missionarische und politisch verantwortliche Kirche muss sich auf eine globale Mission einlassen, und dies nicht nur theologisch, sondern auch pragmatisch.

Was bedeutet das in der Praxis? Wo ist die Kirche eingeladen, global politische Verantwortung zu übernehmen? Wie lässt sich das konkret umsetzen? Bei der Mission des Reiches Gottes dreht sich alles um die konkrete Umsetzung. Welche Wege und Werkzeuge stehen uns zur Verfügung, um Gottes Herz in einer Welt der Not und Ungerechtigkeit zur Geltung zu bringen?

12.2 Globalisierung – ungerechte Strukturen und Gewalten

12.2.1 Wirtschaftliche Ungerechtigkeit

Multinationale Konzerne sind in der globalisierten multinationalistischen Welt die neuen Herrscher dieser Tage. Sie kaufen große Landflächen in Staaten mit natürlichen Ressourcen, beuten diese aus und hinterlassen verbrannten Boden. Sie kaufen das beste und fruchtbarste Land, zerstören die einheimische landwirtschaftliche Produktion und gründen Industrieunternehmen, die Kaffee statt Brot und Gummi statt Obst anbauen. Ihr Unternehmensziel ist es, ein Maximum an Profit zu erzielen. Das Schicksal der Menschen vor Ort interessiert sie wenig bis gar nicht. Oft entscheiden Computer, wo und worin die Unternehmen investieren, von denen die meisten kapital- und gewinnorientiert sind. Die lokalen Gemeinschaften sind nur ein weiteres Mittel, um noch mehr Geld zu verdienen. Sie dienen dem Mammon und vertreten damit das genaue Gegenteil von kirchlicher Kultur und Lebenseinstellung. Jesus sagt klar: »Ihr könnt nicht gleichzeitig Gott und dem Mammon dienen.« Die Nachfolger Jesu werden solche Strukturen niemals hinnehmen, und dort, wo sie es dennoch tun, haben sie Jesu Wege verlassen.

Die Kirche Christi ist eine globale Realität. Das Christentum ist die größte Weltreligion. Theoretisch sind die Christen in der Lage, wirksam in ungerechte Wirtschaftsstrukturen einzugreifen, wenn sie nur ihre Berufung und Mission richtig erkennen. Stellen Sie sich vor, eine Milliarde Menschen in der Welt würden alle multinationalen Konzerne boykottieren, die Ungerechtigkeit fördern. Ich kann mir nicht vorstellen, dass diese profitkranken Vertreter des Mammons ihre Ausbeutungspraxis fortsetzen würden. Die globale Kirche würde die Welt verändern. Indem sie sich jedoch aus der Politik heraushält, unterstützt sie indirekt diese Ungerechtigkeit und indem sie die Produkte der Diener des Mammons kauft, unterstützt sie aktiv die Ungerechtigkeit.

Das Beispiel meiner eigenen Kirche, in der ich vor Jahren Pastor war, zeigt, was möglich ist. Unsere 300 Mitglieder beschlossen, die lokalen Discounter zu boykottieren, bis sie bestimmte Produkte aus ihren Regalen entfernt hatten. Wir weigerten uns nicht nur, ihren Kaffee oder Kleidung, die in Kinderarbeit hergestellt wurde, zu kaufen. Wir erklärten ihnen, wir würden ihre Läden erst wieder betreten, wenn die ganze Palette an Produkten aus ihren Läden verschwunden war, die unter ungerechten Umständen produziert wurden. Wir bewarben die Aktion auch in den lokalen Medien. Bald schlossen sich uns Hunderte weitere Christen und sogar sozial engagierte Bürger an, die zwar nicht unseren Glauben, wohl aber unsere Position in Bezug auf Ungerechtigkeit teilten. Monate später entfernten die Discounter die entsprechenden Produkte aus den Regalen. Sie versuchten jedoch, neue weniger wiedererkennbare Produkte einzuschleusen, daher mussten wir sie überwachen. Der Erfolg unserer Aktion hat mich tief beeindruckt. Wir Christen können einen Unterschied in der Welt machen, wenn wir nur handeln!

12.2.2 Das globale Flüchtlingsproblem

Profitmaximierung als Grundmaxime einer globalisierten Wirtschaft ist verantwortlich für wachsende Ungerechtigkeit und ungleiche Vermögensverteilung in der Welt. Während der Westen von Tag zu Tag reicher wird, verlieren andere Teile der Welt, zum Beispiel Afrika, ihre Existenzgrundlage. Millionen von Menschen leben am Rande des Existenzminimums, darunter viele Christen. Die Kirche muss ihre Stimme gegen solche Entwicklungen erheben.

Der grundlegendsten Mittel zum Überleben beraubt, fliehen viele von ihnen in den Westen. Millionen von Flüchtlingen weltweit sind auf dem Weg in den Norden. Europa gilt als sicherer Hafen, doch der Weg dorthin ist gefährlich, oft lebensgefährlich. Wer schließlich in Europa ankommt, findet nur selten einen Weg, sich in die neue Welt zu integrieren. Die Kirche Christi ist berufen, eine Stimme für alle Abgehängten und Verzweifelten zu sein. Sie wird die Themen benennen, die zur Flüchtlingskrise in der Welt führen. Sie wird praktische, aber auch politische Lösungen finden und zur Fürsprecherin und Helferin für diejenigen werden, die sich auf den Weg in ein besseres Leben gemacht haben.

12.2.3 Friedensmissionen

Flüchtlingsströme gibt es nicht nur aufgrund globaler wirtschaftlicher Ungerechtigkeit. Manchmal sind es endlose Kriege, die Millionen von Menschen zwingen, ihre durch Kampfmaßnahmen verwüsteten Länder zu verlassen. Regionale Kriege werden durch lokale und internationale Interessen und Machtkämpfe angefacht, und sie werden eindeutig durch eine mächtige Militärindustrie ermöglicht, die ihre tödlichen Produkte überall auf der Welt verkauft. Der Hauptfaktor in den weltweiten Kriegen ist der militärisch-industrielle Komplex. Die Kirche muss ihre prophetische Stimme erheben und diejenigen bloßstellen, die ihren Gewinn mit der Tötung von Millionen unschuldiger Menschen machen. Die Kirche kann nicht schweigen und sich aus der Kriegsrhetorik ihrer nationalen Regierungen heraushalten. Sie muss diejenigen benennen, die Kriege um ihrer eigenen wirtschaftlichen und politischen Ambitionen willen beginnen, selbst wenn dies Verfolgung nach sich zieht.

»Wenn wir eine klare Position zum Konflikt in der Ukraine beziehen«, sagte ein Freund von mir in Russland, »dann wird die Regierung uns unterdrücken. Wir sollten uns aus der Politik heraushalten und die Regierung tun lassen, was sie für das Beste für unser Land hält. Unsere Verantwortung ist die Evangelisation.«

»Und während du schweigst, ist deine Regierung daran beteiligt, unschuldige Menschen zu töten, einige von ihnen deine Brüder und Schwestern in Christus. Kannst du das hinnehmen?«, antwortete ich.

»Unsere Mission ist eine geistliche«, fuhr mein Freund fort und zeigte so das Problem einer unpolitischen Kirche auf.

Nein, die Kirche kann sich aus Konflikten nicht heraushalten. Sie kann Morde im Namen der Politik nicht akzeptieren. Sie spricht die Probleme an, sie mischt sich ein und sie engagiert sich in der Friedensvermittlung. Warum? Weil sie eine Botschafterin der Versöhnung ist (2Kor 5,18). Ihre Botschaft ist eine Botschaft des Friedens; ihr Herr ist der Fürst des Friedens. Sie fördert das Leben und nicht den Tod!

12.2.4 Kampf gegen kriminelle Strukturen

Die Flüchtlingsströme werden durch kriminelle Strukturen gelenkt. Viele Vertriebene werden Opfer von Menschenhandel und auf jede erdenkbare Weise ausgebeutet. Die sexuelle Ausbeutung ist nur ein Beispiel. Millionen junger Frauen und Männer, oft Kinder, werden in die sexuelle Sklaverei verkauft. Die Globalisierung öffnet Türen zu einem neuen Zeitalter der Sklaverei mit ihrer schrecklichen Kultur der Vergewaltigung und Ausbeutung. Die Kirche Christi kann zu all dem nicht schweigen. Sie erhebt ihre Stimme in der Öffentlichkeit, spricht die Probleme an und findet Wege, die Sklaven aus ihrer Gefangenschaft zu befreien.

Ein eindrucksvolles Beispiel für das Engagement gegen kriminelle Strukturen und für die Freiheit aller Versklavten ist die »Kirche des Friedens« in Kischinew, Moldawien. Vor zwanzig Jahren begann die kleine Baptistengemeinde, moldawische Sexsklaven in Westeuropa zu ermitteln, und schaffte eine Möglichkeit für sie, aus ihrem Elend und ihrer Knechtschaft zu fliehen. Das Projekt wuchs in erstaunlichem Maße und bald kamen Hilfsprogramme hinzu, die den Betroffenen juristischen Beistand verschafften. Heute ist die Kirche ein beeindruckendes Beispiel für eine politisch aktive und geistlich wachsende Kirche in einem der ärmsten Länder Europas.

12.3 Sehen und Beten

Die *missio politica* beginnt mit geöffneten Augen. Jesus fordert seine Jünger auf, die Felder wahrzunehmen, die zur Ernte bereit sind, und Gott, den Vater, um eine Lösung zu bitten (Mt 9,38). Anschließend sendet er sie mit einer Botschaft der Erneuerung und des Friedens zu den verlorenen Schafen des Volkes Israel. Jede Mission des Gottesreiches beginnt mit *Sehen* und *Beten*. Die Kirche muss an diesen grundlegenden Schritt des missionarischen Engagements herangeführt werden.[252] Eine Kirche mit weit geöffneten Augen nimmt die lokalen und globalen Mächte der Zerstörung wahr und setzt sich aktiv dafür ein, die Zerstörung zu beenden und Leben wieder zu ermöglichen. Die Bereiche des globalen Engagements erweitern sich ständig. Die Welt ist andauernd in Bewegung. Täglich kommen neue Themen auf. Eine politisch bewusste Kirche wird sie erkennen und sich dort einbringen, wohin ihr Herr der Mission sie ruft. Im Gehorsam gegenüber ihrem Herrn wird sie einen Unterschied machen in einer Welt, die Veränderung und Transformation dringend braucht.

252 Ein großartiges Werkzeug dafür ist die Broschüre von Steve Bradbury und Allan Harkness: Seeing and Praying: The Meaning and Motivation of Christian Discipleship, Lidcombe, Australia 2000.

Literaturverzeichnis

(Die hier und in den Fußnoten aufgeführten Internetlinks wurden an dem dort genannten Datum zuletzt auf ihre Funktionalität überprüft.)

Aune, David: Prophecy in Early Christianity and the Ancient Mediterranean World, Grand Rapids 1983.

Barna, George: The Power of Vision, Ventura 2003.

— The Power of Team Leadership, Colorado Springs 2001.

Barnett, Paul: The Second Epistle to the Corinthians. The New International Commentary on the New Testament, Grand Rapids 1997.

Barth, Karl: Kirchliche Dogmatik IV/3, 2. Hälfte, Zürich 1959.

Barth, Markus: Ephesians 4-6: A New Translation with Introduction and Commentary. The Anchor Bible, Vol 32a, New York, London, Toronto, Sydney 1960.

Beck, Ulrich: Risikogesellschaft: Auf dem Weg in eine andere Moderne, Frankfurt a.M. 1986.

Betz, Otto: »Prophetie«, in: Das große Bibellexikon, Bd. 3, hrsg. von H. Burkhardt, F. Grünzweig, F. Laubach, G. Meier, Wuppertal/Gießen 1990, S. 1231-1240.

Beyerhaus, Peter: »Zur Theologie der Religionen im Protestantismus«, in: Kerygma und Dogma 15 (1969), S. 87-104.

Beyerlein, Kraig; Chaves, Mark: »The Political Activities of Religious Congregations in the United States«, in: Journal for the Scientific Study of Religion 42/2, 2003, S. 229-246.

Blauw, Johannes: The Missionary Nature of the Church. A Survey of Biblical Theology of Mission, New York, NY 1962; dt.: Gottes Werk in dieser Welt. Grundzüge einer biblischen Theologie der Mission, München 1961.

Boff, Leonardo: Aus dem Tal der Tränen ins gelobte Land. Der Weg der Kirche mit den Unterdrückten, Düsseldorf 1982.

Bonhoeffer, Dietrich: Widerstand und Ergebung, DBW Band 8, Gütersloh 1989.

Bonino, Jose Miguez: Christians and Marxists, Grand Rapids 1976.

Bosch, David J.: Transforming Mission. Paradigm Shifts in Theology of Mission, Maryknoll, NY 1991 (dt.: Mission im Wandel. Paradigmenwechsel in der Missionstheologie, Gießen 2012).

— »Evangelisation/Evangelisierung«, in: Karl Müller; Theo Sundermeier (Hg.): Lexikon missionstheologischer Grundbegriffe, Berlin 1987, S. 102ff.

Bradbury, Steve; Harkness, Allan: Seeing and Praying. The Meaning and Motivation of Christian Discipleship, Lidcombe, Australia 2000.

Bright, John: The Kingdom of God in Bible and Church, London 1955.

Callahan, Kennon: Effective Church Leadership. Building on the Twelve Keys, San Francisco, CA 1997.

Cannistraci, David: Apostles and the Emerging Apostolic Movement. A Biblical Look at Apostleship and How God is Using it to Bless His Church Today, Ventura 2001; dt.: Apostolische Leidenschaft. Ein Feuer, das die Welt verändert, Fürth 2001.

Choudhrie, Victor: »The Training of House Church Leaders«, in: Zdero, Rad (Hg.): Nexus. The World House Church Movement Reader, Pasadena 2007.

Clowney, Edmund P.: The Church, Leicester 1995.

Coenen, Lothar: »Kirche«, in: Coenen, Lothar; Haacker, Klaus (Hg.): Theologisches Begriffslexikon zum Neuen Testament, Witten 2010.

Compendium of the Social Doctrine of the Church, in: http://www.vatican.va/roman_curia/pontifical_councils/justpeace/documents/rc_pc_justpeace_doc_20060526_compendio-dott-soc_en.html (09.03.2021).

Dahl, Stephan: »Einführung in die Interkulturelle Kommunikation«, http://www.intercultural-network.de/einführung/ (09.03.2021), S. 4.

De Gruchy, John W.: Christianity and Democracy. A Theology for a Just World Order, Cape Town 1995.

Demarest, Bruce A.: General Revelation. Historical Views and Contemporary Issues, Grand Rapids 1982.

Demina, N. A.: Andrei Rublev i chudozhniki yego kruga, Moskva 1972.

D'Souza, Joseph; Rogers, Benedict: On the Side of the Angels. Justice, Human Rights, and Kingdom Mission, Colorado Springs 2007; dt.: An der Seite der Engel. Menschenrechte, Rechtssysteme und warum Christen nicht schweigen können, Linz 2009.

Escobar, Samuel: La Palabra. Vida de la Iglesia, El Paso 2006.

Esler, Philip Francis: Community and Gospel in Luke-Acts. The Social and Political Motivations of Lucan Theology, Cambridge 1989.

— (Hg.): Christianity for the Twenty-first Century, Edinburgh 1998.

Evans, M.: Prophets of the Lord, London 1992.

Ewert, David: Holy Spirit in the New Testament, Scottdale 1983.

Faix, Tobias u.a.: Tat. Ort. Glaube. Transformationsstudien, Bd. 6, Marburg 2014.

Farrar, Robert: Kingdom, Grace, Judgement. Paradox, Outrage and Vindication in the Parables of Jesus, Grand Rapids 1985.

Fee, Gordon: Der Geist Gottes und die Gemeinde, Erzhausen 2005.

Ferraro, Gary: Cultural Anthropology. An Applied Perspective, Wadsworth 1998.

Flückinger, Felix: »Das Wesen biblischer Prophetie«, in: Maier, Gerhard (Hg.): Zukunftserwartung in biblischer Sicht, Wuppertal 1983.

Freytag, Walter: »Vom Sinn der Weltmission«, in: EMZ 1, 1950.

Gangel, Kenneth O. (Hg.): Team Leadership in Christian Ministry, Chicago 1997.

Garrisson, David: Church Planting Movements, Richmond, VA, Office of Overseas Operations International Mission Board of the Southern Baptist Convention, 2004. https://de.scribd.com/document/73786524/David-Garrison-CPM-Booklet (19.01.2021).

Gensichen, Hans-Werner: Glaube für die Welt. Theologische Aspekte der Mission, Gütersloh 1971.

Gladis, George: Leading the Team-Based Church, San Francisco 1999.

Gnilka, Joachim: Theologie des Neuen Testaments, HThKNT, Supplementband, Freiburg/Basel/Wien 1991.

Goppelt, Leonhard: Theologie des Neuen Testaments, Göttingen 1978.

Gornick, Mark R.: To Live in Peace, Biblical Faith and the Changing Inner City, Grand Rapids 2002.

Gourdet, Sandra: »Identification in the intercultural communication of the gospel«, in: Missionalia 24/3, 1996, S. 399-409.

Grudem, Wayne A.: Biblische Dogmatik. Eine Einführung in die Systematische Theologie, Bonn 2013.

Hahn, Ferdinand: Theologie des Neuen Testaments, Band 2: Die Einheit des Neuen Testamens, Tübingen 2002.

Hallencreutz, Carl F.: Kraemer towards Tambaram. A Study in Hendrik Kraemer's Missionary Approach, Uppsala 1996.

Hardmeier, Roland: Kirche ist Mission. Auf dem Weg zu einem ganzheitlichen Missionsverständnis, Schwarzenfeld 2009.

Hay, Ian M.: Isaiah and the Great Commission. An Old Testament Study of New Testament Missions, Charlotte, NC 1994.

Hedlund, Roger E.: The Mission of the Church in the World. A Biblical Theology, Grand Rapids 1985.

Heinrich, Wolfgang: Building the Peace, Experience of Colloborative Peace-building in Somalia 1993–1995, Uppsala 1997.

Hesselgrave, David J.: Communicating Christ Cross-Culturally. An Introduction to Missionary Communication, Grand Rapids 1991.

Hiebert, Paul G.: Anthropological Insights for Missionaries, Grand Rapids 1985.

— »Are We Our Others Keepers«, in: C. V. Matthew (Hg.): Integral Mission, The Way Forward, Tirruvala, Kerala 2006.

— The Gospel in Human Contexts. Anthropological Explorations for Contemporary Missions, Grand Rapids 2009.

Hinte, Wolfgang; Karas, Fritz: Studienbuch Gruppen- und Gemeinwesenarbeit. Eine Einführung für Ausbildung und Praxis. Neuwied/Frankfurt a.M. 1989.

Holland, Joe; Henriot, Peter: Social Analysis. Linking Faith and Justice, Maryknoll, NY 1983.

House, Paul R.: Old Testament Theology, Downers Grove 1998.

Hughes, Philip E.: The Second Epistle to the Corinthians. The New International Commentary on the New Testament, Grand Rapids 1962.

Hunter, George W. III.: How to Reach Secular People, Nashville 1992.

Hybels, Bill: Mutig führen. Navigationshilfe für Leiter, Asslar 2016

Ilyin, M. A.: Isskustvo moskovskoi Rusi Feofana Greka und Andreya Rubleva, Moskva 1976.

Kaiser, Walter: Mission in the Old Testament. Israel as Light to the Nations, Grand Rapids 2000.

Kane, Herbert: Wanted: World Christians, Grand Rapids 1989 (dt.: Weltenbürger in Christus – lokal oder global, Marburg 1990).

Karecki, Marge: »Teaching Missiology in Context: Adaptions of the Pastoral Circle«, in: F. Wijsen; P. Henriot; R. Mejia (Hg.): The Pastoral Circle Revisited. A Critical Quest for Truth and Transformation, Nairobi 2005, S. 159-173.

Käser, Lothar: Fremde Kulturen. Eine Einführung in die Ethnologie, Bad Liebenzell 1997.

Kirk, J. Andrew: What Is Mission? Theological Explorations, London 1999.

— Mission under Scrutiny. Confronting Current Challenge, London 2006.

Kittel, Gerhard; Friedrich, Gerhard: Theologisches Wörterbuch zum Neuen Testament (= TWNT), 11 Bände, 1990.

Kittel, Gerhard; Friedrich, Gerhard; Bromley, Geoffrey W.: Theological Dictionary of the New Testament, abridged in One Volume, Grand Rapids 1985.

Klaiber, Walter: Ruf und Antwort. Biblische Grundlagen einer Theologie der Evangelisation, Gütersloh 1990.

Klassen, Sarah (Hg.): Lithuania Christian College. A Work in Progress, Winnipeg 2001.

Knell, Marion: Families on the Move. Growing Up Overseas – and Loving it!, Grand Rapids, MI 2001.

Köstenberger, Andreas J.; O'Brien, Peter T.: Salvation to the Ends of the Earth. A biblical theology of mission, Downers Grove 2001.

Kraemer, Hendrik: Die christliche Botschaft in einer nichtchristlichen Welt, Zürich 1940.

Kreider, Alan: »Mission and Violence. Inculturation in the Fourth Century – Basil and Ambrose«, in: Corrie, John; Ross, Kathy (Hg.): Mission in Context. Explorations Inspired by J. Andrew Kirk, Farnham, Surrey 2012.

Kritzinger, J. N. J.: Black Theology – Challenge to Mission, Unpublished PhD, Pretoria, SA, UNISA 1988.

— »Who Do They Say I Am?«, in: An African Person in Making. Festschrift for Prof. Willem Saayman, Pretoria 2001.

Kümmel, Hans-Georg: Die Theologie des Neuen Testaments nach seinen Hauptzeugen Jesus, Paulus, Johannes, Göttingen 1976.

Kuzmic, Peter: »Justice, Mercy and Humility«, in: Chester, Tim (Hg.): Justice, Mercy and Humility. Integral Mission and the Poor, London 2002.

Ladd, George Eldon: Jesus and the Kingdom, New York 1964.

— A Theology of the New Testament, Grand Rapids 1974.

Legrand, Lucien: Unity and Plurality. Mission in the Bible, Maryknoll 2002.

Lewis, Robert; Wilkins, Rob: The church of irresistible influence. Bridge-building stories to help reach your community, Grand Rapids 2001.

Lingscheid, Rainer; Wegner, Gerhard (Hg.): Aktivierende Gemeindearbeit, Stuttgart/Berlin/Köln 1990.

Loewen, Jacob A.: Culture and Human Values. Christian Interpretation in Anthropological Perspective, Pasadena 1977.

Lohfink, Gerhard: Wie hat Jesus Gemeinde gewollt? Freiburg/Basel/Wien 1982.

Losski, Vladimir: In the Image and Likeness of God, New York 1997.

Luther, Martin: »Schmalkaldische Artikel«, in WA 50.

Marshall, I. Howard: New Testament Theology, Downers Grove 2004.

— »Who Were the Evangelists?«, in: Adna, Jostein; Kvalbein, Hans (Hg.): The Mission of the Early Church to the Jews and Gentiles, Tübingen 2000.

Martin, Ralph P.: 2 Corinthians, WBC Vol. 40, Waco, TX 1986.

Mayers, Marvin K.: Christianity Confronts Culture, Grand Rapids 1981.

McNeal, Reggie: Missional Communities. The Rise of the Post-Congregational Church, San Francisco 2011.

Meyendorff, John: A Study of Gregory Palamas, London 1964.

Moltmann, Jürgen: Theologie der Hoffnung, München 1966.

— »Einführung. Einige Fragen der Trinitätslehre heute«, in: In der Geschichte des dreieinigen Gottes. Beiträge zur trinitarischen Theologie, München 1991, S. 11-24.

— »Die einladende Einheit des dreieinigen Gottes«, in: In der Geschichte des dreieinigen Gottes. Beiträge zur trinitarischen Theologie. München 1991, S. 117-130.

— Der Weg Jesu Christi. Christologie in messianischen Dimensionen, Gütersloh 1989.

— Erfahrungen theologischen Denkens: Wege und Formen christlicher Theologie, Gütersloh 1999.

Müller, H. P.: »qahal Versammlung« in: Theologisches Handwörterbuch zum Alten Testament (THAT), Bd. 2, München 1979, S. 609-619.

Müller, Karl; Sundermeier, Theo (Hg.): Lexikon missionstheologischer Grundbegriffe, Berlin 1987.

Müller, Wolfgang: Dionysios Areopagites und sein Wirken bis heute, Dornach 1990.

Murray, Stuart: Church Planting. Laying Foundations, Carlisle 2001.

Myers, Bryant: Walking with the Poor. Principles and Practices of Transformational Development, Maryknoll 2011.

Newbigin, Lesslie: The Open Secret, Grand Rapids 1978.

Nolan, Albert: God in South Africa. The Challenge of the Gospel, Cape Town 1988.

Ogden, Greg: Unfinished Business. Returning the Ministry to the People of God, Grand Rapids 1990.

Osborne, Grant: Romans, Downers Grove 2004.

Ott, Craig; Strauss, Stephen J.; Tennent, Timothy C.: Encountering Theology of Mission, Grand Rapids 2010.

Padilla, René: Mission between the Times. Essays on the Kingdom, Grand Rapids 1985.

Paffenholz, Thania; Lundqvist, Kristina: Community-based bottom-up peacebuilding: the development of the Life and Peace Institute's approach to peacebuilding and Lessons Learned from the Somalia experience (1990–2000), Uppsala 2003.

Payne, David F.: »The Meaning of Mission in Isaiah 40–55«, in: Billington, T. Lane; Turner, M.: Mission and Meaning. Essays Presented to Peter Cotterell, Carlisle 1995, S. 3-11.

Pentecost, Edward C.: Issues in Missiology. An Introduction, Grand Rapids 1982.

Peters, George W.: Missionarisches Handeln und biblischer Auftrag. Eine Theologie der Mission, Bad Liebenzell, 2. Aufl. 1985.

Polunin, V. A.: Mirovozreniye Andreya Rubleva, Moskva 1974.

Ramseyer, Robert L. (Hg.); Mission and the Peace Witness. The Gospel and Christian Discipleship, Eugene, OR 2009.

Reimer, Johannes: Mission des frühen russischen Mönchtums. Unveröffentlichte Dissertation, Pretoria, SA, UNISA 1994.

— Das Ende einer Supermacht. Wanja Richter und die letzten Tage des Eisernen Vorhangs, Basel / Gießen 2009.

— Der Verweigerer. Glaube im Schmelztiegel der Roten Armee, Gießen 2005.

— »The Spirituality of Andrei Rublev's Icon of the Holy Trinity«, in: Acta Theologica, Supplementum 11 (2008), S. 166-180.

— Die Welt umarmen. Theologie des gesellschaftsrelevanten Gemeindebaus, Transformationsstudien, Bd. 1, Marburg 2013².

— »Der Dienst der Versöhnung – bei der Kernkompetenz ansetzen. Zur Korrelation von Gemeinwesenmediation und multikulturellem Gemeindebau«, in: Theologisches Gespräch, 1/2011, S. 19-35.

— »Common Ground oder doch nur Anknüpfungspunkt? Zur Frage der hochspektralen Kontextualisierung am Beispiel des Islam«, in: Faix, Tobias; Wünch, H.-G.; Meier, E.: Theologie im Kontext von Biographie und Weltbild, GBFE Jahrbuch 2011/2012, Marburg 2012, S. 211-236.

— Hereinspaziert: Willkommenskultur und Evangelisation, Schwarzenfeld 2013.

— Leben. Rufen. Verändern: Chancen und Herausforderungen gesellschaftstransformativer Evangelisation heute. Transformationsstudien Bd. 5, Marburg 2013.

Roloff, Jürgen: Die Kirche des Neuen Testaments, NTD, Ergänzungsreihe 10, Göttingen 1993.

Ross, Murray George: Community Organization. Theory and Principles, New York 1955 (dt.: Gemeinwesenarbeit. Theorie, Prinzipien, Praxis; Freiburg 1968).

Rusaw, Rick; Swanson, Eric: Externally Focused Church, Loveland 2004.

Saayman, Willem A.: Christian Mission in South Africa, Pretoria 1991.

Samuel, Vinay; Sugden, Chris (Hg.): Church in Response to Human Need, Oxford 1987.

Schaller, Lyle E.: Kirche und Gemeinwesenarbeit: Zwischen Konflikt und Versöhnung, Gelnhausen / Berlin 1972.

Scharrer, Matthias; Hilberath, Jochen: Kommunikative Theologie. Eine Grundlegung. Mainz 2002.

Schnackenburg, Rudolf: Der Brief an die Epheser, EKK Bd. 10, Zürich / Einsiedeln / Köln 1982.

Schnee, Renate: Vorlesungsbegleitendes Skriptum Gemeindewesenarbeit, online: https://www.yumpu.com/de/document/read/4930103/renate-schnee-skriptum-gemeinwesenarbeit-telesozial, S. 17, (09.03.2021).

Schulten, Martin: Gesellschaftstransformativer Gemeindebau am Beispiel der Evangelischen Freien Gemeinde Brüchermühle und deren Sozialprojekt für Hartkernarbeitslose in der Christlichen Beschäftigungsgesellschaft Brüchermühle, Unveröffentlichte Masterarbeit, Pretoria, SA, UNISA 2012.

Schultz, Richard: »Und sie verkündigen meine Herrlichkeit unter den Nationen. Mission im Alten Testament unter besonderer Berücksichtigung von Jesaja«, in: Kasdorf, Hans; Walldorf, Friedemann: Werdet meine Zeugen, Weltmission im Horizont von Theologie und Geschichte, Neuhausen-Stuttgart 1996, S. 33-53.

Scobbie, Charles H.: »Israel and the Nations. An Essay in Biblical Theology«, in: Tyndale Bulletin 43/2 (1992), S. 283-305.

Scott, Waldron: Bring Forth Justice, Grand Rapids 1980.

Senior, Donald; Stuhlmueller, Carroll: The Biblical Foundations for Mission, Maryknoll, NY, 1983.

Stott, John R. W.: New Issues Facing Christians Today, Grand Rapids 2006; dt. Übersetzung einer älteren Auflage: Christsein in den Brennpunkten unserer Zeit, Marburg 1988.

Sturm, Stephan: Sozialstaat und christlich-sozialer Gedanke. Johann Hinrich Wicherns Sozialtheologie und ihre neuere Rezeption in systemtheoretischer Perspektive, Stuttgart 2007.

Suess, Paolo: »Zur Prophetie der Mission im Horizont der Menschenwürde«, in: Mariano Delgado; Michael Sievernich (Hg.): Mission und Prophetie in Zeiten der Interkulturalität. Festschrift zum hundertjährigen Bestehen des Internationalen Instituts für Missionswissenschaftliche Forschungen 1911-2011, St. Ottilien 2011, S. 39-50.

Sundermeier, Theo: »Konvivenz als Grundstruktur ökumenischer Existenz heute«, in: Ökumenische Existenz heute 1/1986, S. 49-100.

— Religion – Was ist das? Religionswissenschaft im Theologischen Kontext, Frankfurt a.M. 2007.

Sundkler, Bengt: »Jésus et les païens«, in: Contributions à l'étude de la pensée missionaire dans le Nouveau Testament. Arbeiten und Mitteilungen aus dem neutestamentlichen Seminar zu Uppsala VI, Uppsala 1937.

Sweet, Leonhard I.: Soul Tsunami. Sink or Swim in the New Millenium Culture, Grand Rapids 1999.

Tacke, Helmut: Glaubenshilfe als Lebenshilfe, Neukirchen-Vluyn 1975.

Teague, Dennis: Culture: The Missing Link in Missions, Manila 1996.

Teinonen, Seppo A.: Missio politica oecumenica. A contribution to the study of theology of ecumenical work in international politics, Helsinki 1961.

Urry, James: Mennonites, Politics, and Peoplehood. Europe – Russia – Canada 1525 to 1980, Winnipeg 2006.

Van Engen, Charles: Mission on the Way. Issues in Mission Theology, Grand Rapids 1996.

Verkuyl, Johannes: Inleiding in de nieuwere Zendingswetenschap, Kampen 1975 (engl: Contemporary Missiology. An Introduction, 1987).

Vicedom, Georg F.: Missio Dei – Actio Dei, Nürnberg 2002.

Volf, Miroslav: After our Likeness. The Church as the Image of the Trinity, Grand Rapids 1998.

Von Stuckrad, Kocku (Hg.): The Brill Dictionary of Religion, Leiden 2006.

Walther, Manfred: Religion und Politik. Zu Theorie und Praxis des theologisch-politischen Komplexes, Baden-Baden 2004.

Watson, David: Gemeindegründungsbewegungen, Schwelm 2011[2]; online: https://www.apcm.de/wp-content/uploads/2017/04/Gemeindegr%C3%BCndungsbewegungen-David-Watson.pdf (09.03.2021).

Watson, David; Watson, Paul: Contagious Disciple Making. Leading Others on a Journey of Discovery, Nashville 2014 (dt.: Ansteckende Jüngerschaft. Mit Menschen auf Entdeckungsreise gehen, Hamburg 2016).

Wendland, Heinz-Dietrich: Die Briefe an die Korinther, NTD Bd. 7, Göttingen 1976.

West, Charles C.: »The Russian Orthodox Church and Social Doctrine. A Commentary on Fundamentals of the Social Conception of the Russian Orthodox Church«, in: Occasional Papers on Religion in Eastern Europe 22/2 (2002), Article 3, online: http://digitalcommons.georgefox.edu/ree/vol22/iss2/3 (19.01.2021).

Wichern, Johann Hinrich: Die innere Mission der deutschen evangelischen Kirche, Hamburg 1849.

Wilckens, Urich: Theologie des Neuen Testaments, Band 1: Geschichte der urchristlichen Theologie; Teilband 1: Geschichte des Wirkens Jesu in Galiläa, Neukirchen-Vluyn 2002.

Williams, Michael James: The Prophet and His Message: Reading Old Testament Prophecy Today, Phillipsburg 2003.

Wright, Christopher: Unlocking the Bible's Grand Narrative, Downers Grove 2006.

Wright, Nicholas Thomas (Tom): Bringing the Church to the World, Minneapolis 1992.

Yoder, John Howard: Die Politik Jesu, Maxdorf 1981 / Schwarzenfeld 2012.

— The Original Revolution. Essays on Christian Pacifism, Scottdale 1972

— The Priestly Kingdom. Social Ethics as Gospel, Notre Dame 1984.

Ziemer, Jürgen: Seelsorgelehre. Eine Einführung für Studium und Praxis, Göttingen 2000.